はたらくみんなの
ニューロダイバーシティ

志岐靖彦
Shiki Yasuhiko

対　話からはじまる「発達特性」あふれる
組織改革論

Ψ
金剛出版

はじめに

本書の読み方

　総務省統計局によると，日本では１年間に約７万冊の書籍が出版されているそうです。そんな多くの書籍の中から本書を手にしてくださり，本当にありがとうございます。最初に，本書を手にしてくださったあなたに伝えておきたいことが三つあります。

　一つ目は，本書は心理学や精神医学の学術書ではないということです。私はそうした分野の研究者ではなく，「組織におけるニューロダイバーシティ（脳の多様性）の理解と雇用促進」をテーマに，いきいきムーンという団体で活動しているキャリアコンサルタントであり，本書の記述はいきいきムーンでのセルフ・ナラティブがベースになっています。そのため心理学や精神医学の研究者からすると，学術的エビデンスに乏しく，表記や表現に曖昧な点が多々あるかもしれないということです。

　二つ目は，本書のメインテーマであるニューロダイバーシティについてです。これは，さまざまな人の脳や神経の違いを受け入れて，広く人材を活用することで，斬新なアイデアを喚起し，社会の多様なニーズへの対応力を高めるマネジメントの発想です。つまり本書は，あなたのはたらく組織を，インクルーシブ（包摂的）な組織に改革するためのビジネス書と捉えてほしいということです。

　そして三つ目は，本書がいくつかのパーツで構成されていることです。ここにその意図を示すので，頭の隅に留めながら読み進めてほしいと思います。

本書を構成するパーツ①：考えてほしいこと

　本書では各項目の最初に「考えてほしいこと」のページを設けています。各項目を読む前に，私の提示した設問に対して，あなたがどう思っているかを，思ったまま本書に書き込んでみてください。そして本文を読んだ後にもう一度戻り，あなたの思いに変化が生まれたかどうか確かめるのに役立ててほしいのです。

　ちなみに「考えてほしいこと」の記入欄が，罫線ではなくあみかけ横罫になっているのは，発達障がい者の声から生まれた行の識別がしやすい「まほらノート」を模倣しています。発達障がい者が識別しやすいということは，発達障がいでない人も識別しやすいということを体感してみてください。

本書を構成するパーツ②：図

　本文の冒頭に，いきいきムーンのセミナーで使用している図を掲載しています。これにより，あたかもあなたがセミナーに参加し，私の話に耳を傾けているという感覚になってくれるかもしれません。参考書を読むだけでは，知識や情報を得ることに偏りがちになってしまいますが，少しでもセミナーに参加している気持ちになれば，内容を自分事として捉えやすくなればと思い，このようにしました。そしてあなたがセミナーに参加している気持ちになり，批判的^{クリティカル}な質問や意見などをいきいきムーンまでお寄せいただければ嬉しい限りです。

本書を構成するパーツ③：キー概念

　多くは私が言葉の意味をどのように捉えているか，また本文の中で触れることのできなかった概念の補足や，セミナーでしばしばされる質問に応えているものについて述べています。言葉や概念の捉え方は，私とあなたとで違うことがあります。そんな行き違いを少

しでも補うために設けたパーツです。

本書を構成するパーツ④：事例／考察——あなたならどうする？

　このパーツは，私がいきいきムーンなどで聴いた事例をもとに，本人が特定できないように加工した架空事例と，その事例を読んだあなたがそれぞれの人の立場になって，主体的・具体的にどう行動するかを考えてもらう問い掛けで構成しています。本書のテーマはニューロダイバーシティ（脳の多様性）とダイアローグ（対話）です。この「あなたならどうする」は，脳の多様性について，あなたがあなた自身と対話するコーナーです。大切なのはどうしたら良いか悪いかと決めつけることではなく，いまのあなたならどうするか，その理由は何なのかというあなた自身の気持ちを確認することです。どんな人にも発達特性（できることとできないこと）があります。各事例の後には登場人物の発達特性も記載しているので，あなたの周囲にも，同じような発達特性を持った人がいないか，見直す参考にしてみてください。

本書を構成するパーツ⑤：組織改革のためのヒント

　各項目の最後には，紹介した考え方を実際にあなたの職場に活かすための方法やヒントを載せています。しかし私の提言に対してあなたが「そうだ！　その通りだ！」と思う必要は全くありません。また私の考えにもし賛同しても，実際に行動に移すことに躊躇する人もいるでしょうし，今まで通り何も変わらないという人もいるでしょう。あらゆる人の価値観を理解し合うのがニューロダイバーシティですので，「こういう考え方の人もいる」ということだけでも理解してくれれば十分だと思っています。

　その他を構成する本書のベースとなる部分は，冒頭に述べたよう

に，私のセルフ・ナラティブです。本書を執筆して私が一番実感したことは，私は私と似ている考えの人と出会うと相違点を探し，私と違っている考えの人と出会うと共通点を探すひねくれ者であるということです。私のようなひねくれ者の書いた本書を，どうか寛容な気持ちで最後まで読んでください。

　また，多くの人が少しでも読みやすいように，本書はユニバーサルデザインフォントを使用しています。まほらノート同様，障がいの有無にかかわらず読みやすいように作られたこのフォントの力を体感してみてください。

　私が本書を執筆したのは，ニューロダイバーシティという概念に一人でも多くの人に興味を持ってほしいと思ったからです。そして，職場でオープンダイアローグ（開かれた対話）を実践して，「発達特性」あふれるイノベーション（新しい商品やサービス）を生み出す組織づくりをはじめるきっかけになってくれれば嬉しく思います。しかし，組織改革などというものがそう簡単にいくとは思っていません。ただこれからあなたが，周囲の人と関わるうえでのヒントにしてくれれば，幸いです。

2022 年 11 月
特定非営利活動法人いきいきムーン
志岐靖彦

目次

第2章　職場にあふれるニューロダイバーシティ

第3章　職場のハッタツ・トラブル

第4章　職場に対話を導入する

第5章　相互理解へのアプローチ

第 **1** 章

ニューロダイバーシティを理解する

1-1　ハッタツと他の障がいとの違い

考えてほしいこと

　あなたは発達障がいを病気だと思いますか？　「病気だ」と「病気でない」のどちらかにチェックを入れ，そう思う理由を記入してください。

　□病気だ　　　□病気でない

発達障がい	≠	**NEURODIVERSITY** ニューロダイバーシティ （脳・神経＋多様性）	≠	福祉雇用対策

一人ひとりの可能性を活かす
マネジメント

図 1-1　ニューロダイバーシティとは

1-1-1　ニューロダイバーシティ＝発達障がいではない

　ニューロダイバーシティ（脳の多様性）とは，全人類の一人ひとりの脳や神経の違いを多様性と捉えて，それを理解し尊重し合う人間理解の発想から生まれています。つまり一人ひとりの脳や神経は違うのだから，その違いを正す，治すのではなく，ましてや平均に合わせるのでもなく，一人ひとりの違いを理解し，一人ひとりの可能性をどう伸ばし活かすかを考えるマネジメントの発想なのです。

　近年，欧米を中心に広がりつつあるものの，経済発展を達成した国の中で，日本だけがニューロダイバーシティの理解・推進がずいぶん遅れています。その理由はおそらく，日本が一人ひとりの違いを認めるよりも，チューニング（同調）やハーモニー（調和）を優先しているからでしょう。そのため日本ではニューロダイバーシティという言葉を知らない人が大半で，私がいきいきムーンで開催しているニューロダイバーシティ・セミナーにも，「ニューロダイバーシティ＝発達障がい」と思い，生活に困っている人の福祉対策だとか，減少し続ける労働人口を障がい者で補う雇用対策のセミナーだと思って参加する人が多くいます。

　いきいきムーンが2021年2月にキャリア・デベロップメント・

アドバイザー（CDA，日本キャリア開発協会の認定資格）という職業能力の向上に関する相談を受ける専門職の人たちにアンケートを行い，1,776名から回答を得た集計結果でも，89％の人がニューロダイバーシティという言葉を知らなかったと答えました。そして発達障がいが病気や疾患ではないと回答した人が51％，さらに発達特性と発達障がいの違いを説明できると回答した人は16％でした。

　ニューロダイバーシティは発達障がいのことではありません。また福祉対策でも，雇用対策でもありません。ニューロダイバーシティを理解することで，新しい商品やサービス，あるいははたらきかたなど，さまざまなイノベーションを組織にもたらすことができます。つまり，一般の企業を含むあらゆる組織マネジメントに取り入れてほしい概念なのです。そのことをこれから紹介していきますが，こうした現状を踏まえ，ニューロダイバーシティを理解するためには，まず発達障がいについて理解する必要があります。

🔑 キー概念「『はたらく』と『発達障がい』」

　本書のタイトルが漢字の「働く」ではなく，ひらがなの「はたらく」なのはちょっとした意図があります。というのは，漢字の「働く」には対価をもらって労働するイメージが伴いますが，ひらがなの「はたらく」だと対価の発生しないものも含めて人の活動全般，つまりキャリア（生き方）にイメージが近いと感じられます。また，キャリアコンサルタントは多くの人が職業相談員と思っていますが，私は生き方相談員だと思っています。

　そして同様に本書では「発達障害」ではなく，「害」をひらがなにした「発達障がい」と表記しています。厚生労働省をはじめ経済産業省や文部科学省のHPでは「発達障害」と表記さ

17

れていますが，自治体の中には「害」という漢字のマイナスイメージを払拭するため「発達障がい」と表記しているところもあります。問題はそのマイナスイメージが発達障がい者自身にあるのか，発達障がい者を取り巻く周囲の人や社会にあるのかです。それをあなたにも考えてもらう意味で，本書では「発達障がい」と表記しています。

1-1-2　ハッタツは定型発達者の中にもいる

2018年の厚生労働省の公表によると，発達障がいと診断された人の数は48万1,000人です。その一方で2012年に文部科学省が，発達障がいの可能性のある人（グレーゾーンと呼ぶ人たちもいます）の数を650万人以上と推計しました。つまり発達障がいの可能性のある人は，発達障がいと診断された人の10倍以上いるということです。

いきいきムーンでは神経発達症の人と定型発達者で発達障がいの可能性のある人を含めて，ハッタツと呼んでおり，本書でも同じようにしたいと思います。なぜなら，あえてグレーゾーンを含めるこの呼び方が，この項のタイトルでもある他の障害との違いを理解するために重要だからです。

さて，ハッタツと他の障がいとの違いについて，端的に示すならば，継続的に日常生活または社会生活に相当な制限を受けているのが，医師という第三者の目にはっきりと見えているか，いないかの違いです。身体障がい，知的障がい，精神障がいの人は，日常生活または社会生活に相当な制限を受けていることが，ハッタツよりも客観的に判断しやすい場合が多く，受診する医療機関による診断の差異が比較的起こりづらいと言えます。

発達障がいの場合は，CTスキャンや血液検査では判断できない上，各医療機関の医師が本人の発達特性に着目するのか，二次障が

いとして発症した適応障がいやうつなどのメンタル疾患に着目する
のかなどによって異なる診断をされます。ハッタツが例えば三つの
医療機関で3人の医師の診断を受けると，三つの異なる診断名を
告げられることが少なくありません。

　仮に発達障がいと診断されても，病気でも疾患でもない発達障が
いには発達障がい専用の障がい者手帳はありません。身体障がいな
ら「身体障がい者手帳」，知的障がいなら「療育手帳」，精神障がい
なら「精神障がい者保健福祉手帳」とそれぞれの発行される手帳は
決まっていますが，発達障がいに発行される手帳は都道府県または
政令指定都市によって，「療育手帳」である場合もあれば，「精神障
がい者保健福祉手帳」の場合もあるのです。ニューロダイバーシティ
を理解する上で，ある意味，このハッタツと他の障がいとの違いを
理解することが，最初のハードルです。

　以前，私は郵便に定型と定型外があるように，定型者が定型発達
者なら，ハッタツは神経発達症ではなく定型外発達者と呼ぶべきで
はないかと思っていました。その理由は定型郵便と定型外郵便に良
い悪いがないように，定型発達者と神経発達症にも良い悪いがない
ということが，理解しやすいのではないかと思ったからです。定型
発達者とハッタツとの違いは，個性や気質や才能などと呼ばれてい
る発達特性によるものですが，それらの特性は本来，定型発達者も
ハッタツも含め一人ひとり違うものなのです。それなのに多くの人
が，定型発達者よりハッタツの方が劣っていて可哀相だと思ってい
るのです。

🔑 キー概念「相互理解」

　社会には多様な人がいて，多様な価値観や捉え方があります。
どちらかが優れているなどと相手に認めさせるようなことをせ
ず，お互いを尊重し合う相互理解の姿勢が大切です。本書では

客観的にどちらが正しいとか間違えているとか，白黒つけることが目的ではなく，一人ひとりの捉え方が違うことを理解する，理解しようと努めることを目的としています。相互理解こそがニューロダイバーシティの原点です。

さてそれでは，相互理解という概念がなく，論理的な正論を振りかざしていたＡさんの事例を見ていきましょう。

📖 事例「論理的な正論を振りかざす」

小学生の頃から成績抜群で，約束やルールもきちんと守るいわゆる優等生だったＡさんは，大好きだった数学を学べる有名国立大学の理系学部に進学しました。そして３年生になったＡさんは同じ研究室の友人たちが大学院への進学を決める中，一人だけ就職活動を始めました。しかしエントリーシートは応募した企業全てで通過するのですが，面接を受けるといずれも不採用通知が送られてきました。

そのことをＡさんが友人のＢさんに話すと，「面接官とコミュニケーションが上手く取れないのだろ。Ａさんはさ，いつも自分の意見に固執しているから，発達ぽいと思われるのだろうね」とＢさんに言われました。確かにＡさんは，他の人の意見を柔軟に捉えることが苦手で，自分の意見に反対するようなことを言われたら，自分の意見が正しいことを分からせようと，論理的な正論で他の学生を言い負かすことが頻繁にありました。Ａさんは，「正しいことを論理的に正しいと主張して何が悪い。いつも遅刻ばっかりしているＢさんに，発達ぽいなんて言われたくないね」と言い返しました。

しかしＡさんは，Ｂさんの言った「発達ぽい」という言葉が心に引っかかり，両親と兄に発達障がいの検査を受けたいと告げました。両親も兄も検査を受けることには大反対しましたが，言い出す

と後に引かないＡさんは検査を受けることになりました。そうこうしているうちに，あるエンジニアリングの企業からＡさんは内定をもらうことができたため，Ａさんはもしかしたら自分は発達障がいではないかもしれないと思い始めたのですが，検査の結果を踏まえ，医師からは発達障がいと診断されました。そのことをＡさんがＢさんに話すと，それ以来，Ｂさんとは疎遠になってしまいました。

- Ａさんの発達特性＝ルールを厳守することができる。ルールを守らない人を許すことができない。
- Ｂさんの発達特性＝時間を忘れて物事に没頭することができる。約束や時間を守ることができない。

🗨 考察——あなたならどうする？

　あなたが周囲の人に「発達ぽい」と言われたらどう思いますか。あなたの周囲に自分の意見に固執する人がいたら，どんな対応をしますか。そして，あなたが面接官だったら，障がい者手帳を持っている人を採用するかどうかを考えてみてください。

　発達障がいと診断されてもＡさんの本質は，それまでと何も変わっていないのに，疎遠になってしまう人もいます。あなたの周りにも類似した事例，例えば「発達障がいと診断されたことを職場に伝えたら，営業職から外された」とか「うつになったら，休職を迫られ１年半後に退職を余儀なくされた」という話を聞いたことはありませんか。

🔑 キー概念 「『あなた』と『みなさん』と『みんな』」

　私は毎朝，バルコニーの植物に水やりをするとき，植物に話しかけます。犬や猫に話しかける人もいるでしょう。私は，「テッ

ド（Ted）」という映画を観たとき，すべての垣根を超え，ぬいぐるみやロボットとでも対話する人を理解するための作品だと思いました。対話するのに何よりも大切なのは，対話しようという姿勢と，一人ひとりの価値観を認めること。それならば私は本書で対話するために，「みなさん」ではなく，読者である「あなた」に語りかけることにしました。ちなみにタイトルの「みんな」は読者の「みなさん」ではなく，全人類のことです。

　いかがでしょうか。発達障がいの人，メンタル疾患の人，動植物と対話する人，世の中にいるさまざまな人たちを否定せずに，あなたは一人ひとりの違いを尊重できそうですか。

🌙 組織改革のためのヒント「変えられるのは自分だけ」

　日本では約20人に一人が発達障がいといわれています。つまりあなたの組織の上司，同僚，部下の中にもハッタツがいるのです。発達障がいが病気ではないことを知らないと，発達障がいを治すためや，組織に合わせるためのライフハック（工夫）の方法を促してしまうかもしれません。いきいきムーンでは，しばしば「変えられるのは自分と未来」という言葉が使われます。他人や過去を変えることはできないということです。

　他人を変えようとせず，発達障がいが病気ではないことを理解したなら，ハッタツが何かトラブルを起こしたとき，本人の努力が足りないなどと思うのではなく，一人ひとりの違いを理解しようとする視点を持てるようになります。そしてハッタツを他人事と捉えず，自分事と捉えてみることもできるようになるのではないでしょうか。

1-2　発達特性とは何か？

考えてほしいこと

　あなたは発達特性を障がい，個性，気質，才能のどれだと思いますか？

　下記のいずれかにチェックを入れ，そう思う理由を記入してください。

□障がい　　□個性　　□気質　　□才能

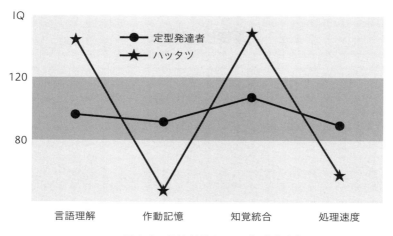

図 1-2　発達特性と IQ（知能指数）

1-2-1　発達障がいは病気ではない

　私たちにとって目に見えるものは理解しやすく，目に見えないものは理解しづらいものです。前項，「ハッタツと他の障がいとの違い」の内容も分かったようで分からないといった人もいるでしょう。本項では，ハッタツについてさらに理解を深めてもらうために，発達特性というものについて考えてみましょう。

　発達障がいが CT スキャンや血液検査などの客観的に判断しやすい指標に乏しく，診断が難しいことを説明しました。医師は発達障がいと診断する際，16 歳以上なら臨床心理士に WAIS（ウェイス），15 歳以下なら臨床発達心理士に WISC（ウィスク）という知能検査を依頼します。しかし，この検査結果もあくまでも見立てであり，診断に直結するものではありません。

　検査の内容はおおむね，「言語理解」「作動記憶」「知覚統合」「処理速度」の四つの指標を数値化することです。簡単に言うと，「言語理解」とは，言葉をインプットやアウトプットする力。「作動記憶」とは，脳に入れた情報を短時間記憶にとどめたり，それを使っ

て処理する力。「知覚統合」とは，非言語情報から要点を把握する力。「処理速度」とは，考えたり動いたりするスピードです。図1-2のグラフで言うと，下はIQ（知能指数）80から上がIQ120の間に全ての検査結果が収まると，発達特性の少ない定型発達者と判断され，ハッタツ（発達特性を持った人）と見立てられることはほぼありません。

1-2-2　発達特性の多様性

　発達障がいがしばしばできることとできないことの凸凹の差が大きいと言われるのは，図1-2のような，数値の差からくるものです。さまざまなことが平均的にできる定型発達者に対して，ハッタツはできることとできないことの差が大きいわけですが，問題は周囲の人がハッタツのできることに着目するのか，できないことに着目するのかです。周囲の人が発達特性を個性とか気質とか才能と言ったとしても，本人にとっては，「ありのままの自分」なのです。

　発達特性とは本来，平均以上の特性と平均以下の特性の両方のことを指しますが，ハッタツに理解のない人は，平均以下のできない発達特性にばかり着目し，そのできないことを平均的にできるように促します。これにより，ハッタツのこころには大きな負荷がかかります。このとき，脳内では情動の中心である扁桃体が興奮し，副腎皮質からコルチゾールというストレスに対抗する物質が分泌されますが，これが過剰に出すぎると，学習や記憶に関わる脳細胞へダメージを受けることがわかっています。

🔑 キー概念「神経伝達物質」

　唐突にコルチゾールという医学用語が出てきましたね。以下にコルチゾールだけでなく，100以上あると言われている脳の健康に影響する神経伝達物質のうち，五つをピックアップし

ますので，名前だけでも憶えてください。

・「疲労」などを伝えるコルチゾール
・「怒気」などを伝えるアドレナリン
・「悲哀」などを伝えるノルアドレナリン
・「快楽」などを伝えるドーパミン
・「幸福」などを伝えるセロトニン

　精神科医が患者に朝日を浴びることをすすめるのは，体内時計をリセットさせるとともに，朝日の刺激で感情を安定させる別名「幸せホルモン」と呼ばれているセロトニンの分泌を活性化させるからです。

　周囲の人の影響で発生するストレスは，ハッタツの脳にダメージを与えたり，できない方の発達特性を顕在化させるばかりか，適応障がいやうつ病などの二次障がいまでを引き起こす可能性があります。しかし一方で，発達特性を持っている人でも，一生，発達障がいを発現させないまま過ごす人も多くいます。つまり，はたらき始めた組織や職場の環境要因によって，発達特性というものは活きることも悪くなることもあるのです。このことをしっかり理解していないと，同じ職場ではたらく発達特性を持っている人に，あなたが発達障がいの発現を促す人になってしまう可能性があるのです。
　例えばコミュニケーションでいえば，あなたが思っている基準より口数が多い人に対して「この人は多弁だ」と思い，あなたが思っている基準より口数が少ない人に対して「この人は寡黙だ」と思う。集中力でいえば，あなたが思っている基準より過度に集中していると「この人は過集中だ」と思い，反対にあなたが思っている基準より興味の対象が変わりやすい人だと「この人は移り気だ」と思う。

規律を守る点では，あなたが思っている基準より規律を尊重し過ぎると「勝手な人だ」と思い，規律を気にせず自由気ままだと「空気が読めない人だ」と思う。このように人は自分を基準に，周囲の人にレッテルを貼って，「この人はこういう人」と決めつけてしまいがちだということです。

🔑 キー概念「見立てとレッテル」

　発達障がいの診断を下す前に，医師や心理士が行う「見立て」という重要な段階があります。これについて，あなたはどんなことを連想されましたか。

　前項で，医師は日常生活または社会生活に相当な制限を受けているかどうかで診断を下すことを説明しました。発達特性が小さくても生活に相当な制限を受けている人もいれば，発達特性が大きくても生活にあまり制限を受けていない人もいます。「見立て」とは，こうした受診者の生活の実態を詳細に聴き取ることです。単なる知能検査ではなく，見立てが加わってはじめて診断が成り立つのです。

　ところで，「見立て」とは似て非なる「レッテル」というものもあり，この違いについて，医療者だけでなく私たち一人ひとりが気をつける必要があります。例えば，分野は違えど，キャリアコンサルタントである私はいつも以下の三つの見立てを心掛けています。

（1）相談者が気づいていない問題点の見立て
（2）相談者が達成できる小さな目標の見立て
（3）相談者が取り組める具体的な方策の見立て

　これらの「見立て」は指導やアドバイスするためのものでは

なく，相談されたことの本質を理解し，選択肢を増やすための
ものなので，私がこの「見立て」を相談者に告げることはあり
ません。

　もし相談者に聞かれてもいないのに，私が「あなたの問題点
は〇〇〇です」と告げたら，それはレッテルを貼って決めつけ
てしまうことになるからです。あなたも「見立て」はしても「レッ
テル」は貼らないように心掛けてください。なぜなら「レッテ
ル」を貼ってしまうと，一人ひとりの違いが見えなくなってし
まうからです。

1-2-3　発達特性は誰にでもある

　同じものを見たり，体験したりしても，見え方や感じ方は人それ
ぞれ違います。また物事を耳から聞いて理解するのが得意な聴覚優
位の人もいれば，目で見て理解するのが得意な視覚優位の人もいま
す。そうした一人ひとりの違いは外見からは分からず，その違いの
程度も一人ひとり違います。その一人ひとりの違いを多様性として
理解して認めることが，ニューロダイバーシティの基本となります。

　ここまでで発達特性とは程度の差こそあれ，誰もが持っているも
のであるということが理解できたでしょうか。さまざまなことが平
均的にできる定型発達者に対して，ハッタツはできることとできな
いことの差が大きい。確かに，そうなのかもしれませんが，定型発
達者にだってできることとできないことはあります。それが日本社
会あるいは組織の不文律の範囲からはみ出すと，「特別な人」とされ，
あるいは発達障がいと診断されているのです。

　誰もが発達特性を持つとなれば，ニューロダイバーシティは，ハッ
タツのためだけではなく，定型発達者も含め，全ての人が能力を発
揮するために重要な概念であるはずです。誰だって，できないこと
に着目されたら大きなストレスになります。できることであれ，で

きないことであれフラットな視点で，「ありのままの自分」を認めてもらえ，本人もそれが自分らしさであると思うことができれば，それぞれが持つ力を存分に発揮することができます。

　さてそれでは，発達障がいの診断を受けたものの，いきいきとはたらけているＡさんの事例を紹介します。

📖 事例「発達特性はその人の一部分」

　発達障がいの診断を受けたＡさんは，大学在学中に障がい者手帳も取得し，Ａさんはそのことを，内定をくれたエンジニアリングの企業に伝えました。人事担当者はそのことによって内定を取り消すこともなく，雇用条件も内定時と変わらないという回答でしたので，Ａさんはその企業に入社しました。

　Ａさんが配属されたのは，土壌検査部門でした。数字に強くルールを守る性格のＡさんにとって，検査の仕事は向いていましたが，仕事でパートナーを組んだＣさんが苦手でした。Ｃさんはいつも新入社員のＡさんを気づかいランチに誘ってくれるのですが，そこで仕事以外のことを根掘り葉掘りと聞いてくるところがありました。

　そんな中，Ａさんは仕事に慣れてくると検査基準に少し曖昧な箇所があることに気づき，その曖昧さが嫌で全ての基準を数値化しようと，Ｃさんに相談しました。Ｃさんはその提案にはあまり興味を示しませんでしたが，Ａさんは自らの意思で数値化に着手しました。Ａさんの作った数値化基準表には一貫性があり，Ｃさんだけでなく，古参の検査員にも賞賛され，Ａさんの作った数値化基準表は社内で標準化されました。

　またＡさんは入社以来，毎年のように検査に関係する国家資格などを取得し続けました。苦手だったコミュニケーションも，自分の言いたいことを言う前に，相手の言うことを先に聞くように心掛

けることで徐々に解消されました。考え抜いて答えを出すのは得意な反面，瞬時に判断するのが苦手であることを悟ったAさんは，運転免許は取得したものの自動車の運転はしないことに決め，仕事で出かけないといけないときは，Cさんに運転してもらっていました。

- Aさんの発達特性＝曖昧さを見逃さず，指摘することができる。瞬時に判断することができない。
- Cさんの発達特性＝姉御肌で人の面倒を見ることができる。人との距離感をつかむことができない。

💬 考察――あなたならどうする？

　あなたの職場に障がい者手帳を取得している人が配属されたら，あなたはどのように接しますか。また，もしあなたが障がい者手帳を取得することになったら，あなたはそのことを職場に開示しますか。そしてあなたの部下が指示をされていない業務に着手したら，あなたはどうするかを考えてみてください。

　Aさんが障がい者手帳を取得したからといって，障がい者枠で雇用されていたら，Aさんは全ての検査基準の数値化に着手したり，さまざまな資格の取得に努めたりしていなかったかもしれません。発達特性はその人の一部分ではありますが，その人の全部ではありません。どんな人にもさまざまな側面があり，その人のできることを活かすようなマネジメントが重要なのではないでしょうか。

🔍 組織改革のためのヒント「ありのままを認める」

　発達特性を障がい，個性，気質，才能とどのように捉えるかは，人によって違います。しかしハッタツにとっては，発達特性は「ありのままの自分」です。「ありのままの自分」を組織の中で認めて

もらい，ポジティブに理解してもらえれば，組織は安心して本来の力を発揮できる場所になります。逆にネガティブなレッテルを貼られ，偏見を向けられるようになったらどうでしょうか。そこは，気が休まらず，安心してはたらくことができない場所になってしまいます。大切なのはあなたの基準で人にレッテルを貼らないこと。そしてより大切なのは，あなたが自分自身にもレッテルを貼らず，「ありのままの自分」を認めることです。そうすればあなたの組織の中の上司，同僚，部下，そしてあなた自身の一人ひとりの違いも，多様性として認めることができるようになるのではないでしょうか。

1-3　同調圧力とメンタルヘルス

考えてほしいこと

　あなたは職場に行きたくないと思ったことがありますか？　「ある」と「ない」のどちらかにチェックを入れ，「ある」にチェックを入れた人は，そのときをふりかえって，なぜ行きたくない気持ちになったのか記入してください。

　□ある　　□ない

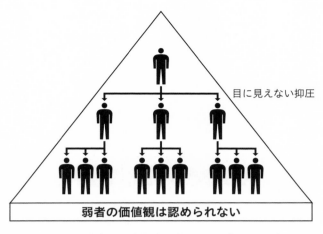

目に見えない抑圧

弱者の価値観は認められない

図 1-3　強者の固定観念の押しつけ（同調圧力）

1-3-1　同調圧力が引き起こすメンタル疾患

　ここでは，発達特性の話題から少しだけ離れて，周囲から耐えがたいストレスを受けることで，分泌されるホルモンの影響を脳が受け続けると，適応障がいやうつ病などのメンタル疾患を発症させるということについて見ていきましょう。

　発達障がいは 20 人に一人と言われているのに対し，生涯のうちに適応障がいやうつ病などのメンタル疾患を発症させる人は，20人に 5 人の割合と言われています。耐えがたいストレスとは，前項でお話ししたように，できないことに着目され，そのできないことをできるように促す周囲の人の圧力によって起こることがあります。言い換えれば，一人ひとりの違いを認めず，社会や組織などの価値観を押しつける同調圧力です。

　同調圧力について，2021 年ノーベル物理学賞を受賞された眞鍋淑郎氏による，プリンストン大学における記者会見での以下の発言が話題になりました。

「私のような研究者にとっては，アメリカでの生活は素晴らしいです。アメリカでは自分の研究のために好きなことをすることができます。私の上司は，私がやりたいことを何でもさせてくれる大らかな人で，実際のところ，彼は全てのコンピュータの予算を確保してくれました。

　私は人生で一度も研究計画書を書いたことがありませんでした。自分の使いたいコンピュータをすべて手に入れ，やりたいことが何でもできました。それが日本に帰りたくない一つの理由です。なぜなら，私は他の人と調和的に生活することができないからです」

　眞鍋氏が発言されたように，多文化・多言語・多人種が混在するアメリカではニューロダイバーシティが進んでいるのに対し，日本の社会や組織では，真逆ともいえる同調が求められています。しかし同調したくない人や，できない人も少なくありません。同調することが良いことだ，正しいことだと思い込んでいる人にとって，同調しない人の価値観は理解しづらいものかもしれません。私はこの日本社会や組織の風土，できないことは平均的にできるように促し，でき過ぎることは「出る杭は打たれる」がごとく叩かれていることに，大きな懸念を感じています。

🔑 キー概念「真面目な人ほどうつ病になる？」

　うつ病は，不安や疲れなどで脳に大量の負荷がかかったときに，誰もが発症する可能性があります。それなのにかつては，「メンタルの弱い人がうつ病になる」などと言われていました。頭痛や肩こりが続き身体的な不調があっても，真面目な人は無理をして頑張って，結局，うつ病になってしまっていたということなら，「真面目な人ほど，うつ病になる」は，ある意味，真

実かもしれません。

　私はこの真面目な人ということの背景に，親の言うこと，教師の言うこと，上司の言うことには従えという同調圧力があることを感じています。そこで私がうつなどで休職した人が復職・転職支援をする場合に欠かさず伝えているのが，ストレスコーピングと断る勇気についてです。復職・転職ができても，この二つができないと再発の可能性が非常に高くなると思っているからです。実際，厚生労働省の調査によると，うつ病で休職した人の47.1％が，5年以内に再発して再休職するということです。

　同調圧力が常態化している組織では，ハッタツだけでなく定型発達者も「仕事に行きたくない」と思うようになり，適応障がいやうつ病などのメンタル疾患を発症させることになります。つまり組織の中で，メンタル疾患を発症させる人がいるということは，組織内に耐えがたいストレスが存在するということです。またメンタル疾患を発症させてはいないものの，「みんなと一緒じゃないと嫌われる」と思っている人にとっては，組織や職場が安心で安全な場所ではないので，「ありのままの自分」を押し殺すことになります。

1-3-2　NO が言える安心で安全な職場

　ところで，「同調圧力か何か知らないが，部下が上司の言う通りにするのは当たり前だろう」とか，「私もそれに耐えてやってきたのだから，みんなも耐えるべきだ」と思った人もいると思います。キー概念でも少し述べましたが，かつて，メンタル疾患は，人格的な弱さや気のゆるみなどとあいまいで組織都合的なものに置き換えられていました。しかし近年，労働安全衛生法が改正され，そうしたメンタルヘルスを無視する風潮には，終止符が打たれました。そ

れでも，まだメンタル疾患を起こす人が後を絶たないのは，旧来の価値観や風土が，多くの組織で色濃く残っているからです。例えば，女らしさや男らしさといった価値観もその一つと言えるでしょう。そのような組織ではスキルの高い人材であっても，仕事内容とは別の部分でストレスを感じ，組織から流出するかメンタル疾患を発症してしまう可能性が高くなります。

　ニューロダイバーシティという概念の導入は，発達特性が障がいではないことを理解することだけでなく，人材の流失やメンタル疾患を起こすことを防ぐ効果があります。冒頭にニューロダイバーシティが一人ひとりの可能性をどう伸ばし活かすかを考えるマネジメントの理念であると紹介したのも，このような意味からです。

🔑 キー概念「労働安全衛生法の改正」

　職場における労働者の安全と健康の確保と，快適な職場環境の形成を促進することを目的とした労働安全衛生法は，毎年のように改正が重ねられています。特に 2015 年 12 月 1 日より施行された従業員 50 人以上の事業場に対し，医師等による年に 1 回のストレスチェックの実施を義務付けた「ストレスチェック制度」の創設は，これまであった身体の健康診断に加え，高ストレス者の気づきを促すための心の健康診断とも言えるもので，さらに施行直後に，広告大手企業の過労自殺事件もあって，注目されました。

　こうした法律が施行されるたびに，組織が行うのは法律に抵触しないように対応することです。あなたの組織や職場では，どうでしょうか。法律に抵触しないように，ストレスチェックは実施されているものの，例えば，「メンタルの弱い人」と思われないように回答する人がいないでしょうか。実際にメンタル疾患者が減った組織が

ある傍ら，あまり変化がなかったり，反対に増えた組織もあるのではないでしょうか。それらの証拠というわけではないですが，労働基準法違反罪に問われたその広告大手企業はその後も，労働基準法違反と労働安全衛生法違反で是正勧告を受けていますし，総務省が行った調査によると，何よりも法律を遵守しているはずの公務員のメンタルヘルス不調による休務者は，増加傾向にあります。さらに職場のハラスメントでメンタル疾患を発症し，労災認定された人が，この10年間で10倍に増えたという報道もありました。

　私は日本のメンタル疾患者を減少させるには，組織のトップや職場の管理職のニューロダイバーシティの理解と推進が欠かせないと思っています。労働者自身のストレスコーピングや断る勇気も大切ですが，法律に抵触しないためではなく，あなたとあなたの組織や職場の人がかかえきれないほどの心への負荷を受けることを防ぐために組織自体を改革する必要があるのです。

　さてそれでは，新天地を求めて飛び出すAさんの新しい職場環境の事例を見ていきましょう。

📖 事例「価値観の押しつけ」

　新卒入社した企業で5年はたらきながら数々の国家資格を取得したAさんは，その資格の中の一つに特化した仕事をしたくなり，人事課に異動を申し出ました。しかし人事課からは人員数の関係もあって，「一人だけのわがままを聞くことはできない。人事異動のときには考慮するから，それまではいままで通りの仕事を続けて欲しい」という言葉が返ってきました。そのためAさんは転職を決意し，その資格に特化した仕事だけに専念できる企業に応募し採用されました。

　転職した企業でAさんは，資格を活かしたやりたい仕事に専念することはできたものの，以前の企業と違い非常に上下関係が厳し

く，Aさんがどんな提案をしても全く通りません。D課長からは，「そんなことしなくていいよ。もし何かあったら，責任取るのはこっちなのだから」と全て却下されるばかりか，「お前，国立大卒で頭が良いのは分かったからさ。言われたことだけ，やっててくれよ」などと言われ続けました。Aさんの仕事に対するモチベーションは下がっていき，次第に職場に行きたくなくなり，特に休み明けの月曜日には休みがちになりました。そんな中，そのD課長から書類を自動車で取引先まで届けるよう無理強いされ，断り切れず書類を届けに行った途中，自動車事故を起こしてしまいました。

- Aさんの発達特性＝気がついたことをすぐ周囲に提案する。指示される仕事だけでは満足できない。
- D課長の発達特性＝冒険をせずリスクを回避することができる。興味のないことには全く関心が持てない。

🔍 考察——あなたならどうする？

　あなたは組織のトップや職場の管理職に価値観を押しつけられていませんか。あるいは，部下や同僚に，さも組織の価値観や上からの指示が正しいかのように伝えていませんか。そしてあなたの職場に頻繁に月曜日に欠勤や遅刻する同僚はいませんか。そのような人たちに，あなたはどんな風に接していますか。

　Aさんは転職して初めて，以前の企業が何でも言えるフラット（対等）で風通しの良い環境だったことに気づきました。そして学生のときは学びたい講義や教授，付き合う友人は自分で選ぶことができましたが，社会人になるとはたらく組織を選ぶことはできても，上司や同僚を選ぶことはできないことに気づきました。あなたは，そのことに気づいているでしょうか。

組織改革のためのヒント「目に見えない同調圧力を意識する」

　日本では，組織の上層部の価値観を順送りに下層部にまで浸透させ，同調を求めていることが多々あります。しかし組織の中では，本当はそういう価値観に同調したくない人や，できない人の声というものは表に出てきづらいものです。同調することが良いことだ，正しいことだと思い込んでいる人は，同調しないことを能力の欠如と見なす風潮さえあります。同調圧力という目に見えない抑圧を受けた人が，頭痛や肩こりなどの身体的な不調を感じ始めているなら，それはメンタル疾患の始まりです。組織から抑圧を減らしていきたいのなら，あなたが周囲の人や自分自身に同調圧力を加えていないか，常に検証することが必要ではないでしょうか。

1-4　ハッタツのライフステージ

考えてほしいこと

　あなたは自分の思ったことを職場で躊躇なく言えますか？　「言える」と「言えない」のどちらかにチェックを入れ，その理由を記入してください。

　□言える　　□言えない

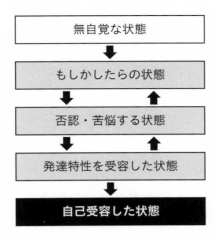

無自覚な状態

もしかしたらの状態

否認・苦悩する状態

発達特性を受容した状態

自己受容した状態

図1-4　自己受容までのステップ

1-4-1　ありのままの自分を自己受容

　発達特性自体は全く変わっていないのに，本人のできることとできないことの理解度の変化に伴って，ハッタツ（発達特性を持った人）の生活の仕方やはたらき方のライフステージは大きく変容します。ここでハッタツが，ライフステージの階段を上がって，自己受容にいたるまでのステップの例を紹介します。

- ステップ１：自分の発達特性に全く無自覚な状態。
- ステップ２：何となく自分と周囲の人との違いに気づき，もしかしたら自分は発達障がいかもと意識し始める状態。
- ステップ３：自分は発達障がいではないと否認し，努力や工夫で何とかして発達特性をカバーしようと苦悩する状態。
- ステップ４：自分の発達特性を受容でき，その発達特性を周囲の人にも認めてもらいたいと望んでいる状態。
- ステップ５：周囲の人が自分の発達特性を理解してくれなくて

も，ありのままの自分を受け入れた状態。

　こうして発達特性の自己受容ができると，自己肯定感が高まっていくのですが，ハッタツの中には，このステップを上がっていくのに長い年月を要するケースもあります。特に周囲の人に「努力すればできるようになる」とか，ライフハック本などを渡されて「工夫すればどうにかなる」と促されることによって，ステップ2から4を行き来する人が非常に多く見られます。
　またいつまでも自己受容が進まない人に多い例は，周囲の人に病院に行くことを強いられたケースです。自分からもしかしてと思って受診して，診断が下された場合は，「霧が晴れたみたいに心がスッキリした」と自己受容が進んでいくことが多い一方，家族や職場の人に強いられて受診し，診断を下された場合はこうはいきません。逆に，「モヤモヤして腑に落ちない」などと，診断を受け入れがたいストレスに感じてしまい，受診前よりさらにこじれてしまうケースも散見されます。このような理由から，自己受容がある程度進んだ状態での受診が望まれます。

1-4-2　諦めたから手に入るもの
　さて，このステップを経て，自己受容ができたハッタツのその後のライフステージはおおむね以下のように進みます。

自分のできることとできないことを「自己受容」し，
躊躇なくそのことを「自己開示」できるようになる。
↓
周囲の人に自分のできることを認められて，
徐々に「自己肯定感」が高まっていく。
↓

一人ひとりの特性が違うことを理解し，
自分事と他人事を分ける「自他分離」が進む。

　このようなハッタツのライフステージの進み方は，実は，定型発達者と同じものです（「自己受容」→「自己開示」→「自己肯定感」→「自他分離」）。つまりできることとできないことの差に大小があったとしても，上っていくライフステージは同じであるということです。「自己受容」ができて，「自己肯定感」が高まっても，他人を自分の価値観に合わせて変えようとしてしまうと，思い通りにならず，自分や周囲の人を責めてしまうことにもなります。

　しかし「自他分離」が進むと，自分自身のできることとできないことや価値観を，「自己開示」し，ありのままの自分を理解してもらうだけとなります。安心して自己開示ができる場所，一人ひとりの価値観・捉え方を言える環境づくりが組織改革のスタートです。

🔑 キー概念「明らかに極める」

　いきいきムーンのホームページには，いきいきムーンの意味を，「一人ひとりが，いきいきと生きていくための月のような優しいあかり」と掲載しています。このあかりという言葉は，CDTV というテレビ番組の 2008 年 10 月度のエンディングテーマに起用されたロックバンド，セカイイチの「あかり」からヒントをもらいました。その歌詞の一節は以下の通りです。

　　ああ，見てごらん　君の足元を
　　ぬかるんでもないけど　固くもないだろう？
　　明らかに極めると書いて　「あきらめる」と呼ぶんだぜ
　　走り出した未来の自分のために
　　──『あかり』（歌：セカイイチ／作詞・作曲・岩崎慧）より

このように「あかり」という言葉だけでなく，この項の小見出しの「諦めたから手に入るもの」もここからヒントをもらいました。元々仏教用語である「諦める」は，「明らかに極める」という非常にポジティブな言葉です。

　もしあなたが諦めるという言葉の抵抗感を拭い切れないなら，諦めるを「受け入れる」に置き換えてください。抵抗感が少しは和らぐのではないでしょうか。

　さてそれでは，やりたい仕事と職場環境について戸惑い，考えることになったAさんの事例を見ていきましょう。

📋 事例「職業選択と職場環境」

　Aさんが自動車事故を起こしてしまったことを報告すると，自動車の運転を無理強いしたD課長は，「お前のせいで，また俺の評価が下がるだろ」と激怒しました。Aさんは売り言葉に買い言葉で，その場でD課長に退職の意思を伝え，翌日には退職願を提出しました。モヤモヤしたAさんが居酒屋でお酒を飲んでいると，偶然，以前勤めていた企業のCさんがやってきました。

　CさんはAさんを見つけると隣の席に座り，「どう，楽しくはたらいているの」とAさんの顔を覗き込み，「何，何，水臭いぞ。辞めたからって遠慮することはないよ。何でも言ってみて」と笑顔で語り掛けてくれました。Aさんはゆっくりと転職後のことを話し始めました。Cさんは何も言わずただAさんの話に耳を傾けていました。流石にAさんが次の会社も退職したことを知ると驚いた様子でしたが，「ねぇAさん，もしその気があったら，戻って来ない。人事には私から話してみるよ。みんなAさんの作った数値化基準表を見ては，いまでもAさんがいたらなぁと言っているし」とまた笑顔でAさんの顔を覗き込みました。

Aさんは,「そこまで甘えるわけにはいきません」と即座に断ったものの, 帰宅後に思案し, 数日後にはCさんに電話をして,「再雇用の件, もし可能であればよろしくお願いします」と伝えました。その後, Aさんに人事課から連絡があり, その翌月から以前と同じ雇用条件ではたらくことになりました。

- Aさんの発達特性＝意志を強く持つことができる。自分が間違っていないと思ったら, 引くことができない。
- Cさんの発達特性＝姉御肌で人の面倒を見ることができる。人の困りごとを無視することができない。

💬 考察——あなたならどうする?

　あなたはやりたい職業と職場環境, どちらを優先しますか。あなたの職場に再雇用して欲しいと言ってきた人がいたら, あなたはどうしますか。さらにあなたは自己都合退職した組織に戻りたくなったら, 再雇用を願い出ることができますか。できるか, できないかだけではなく, あなたはどうしたいかも考えてみてください。

　Aさんは元の企業に再就職してからも, 以前のようにさまざまな国家資格の取得に努め, また以前以上に数々の提案をし続けました。Aさんとしては, もちろん自分自身のキャリアアップもありますが, Cさんや会社に恩返ししたい気持ちの方が大きいのです。Aさんはやりたい仕事だけに専念できる職場か, やりたい仕事だけには専念できないが安心で安全な職場かのどちらを選択するか考えた上で, 後者を選んだということです。

🔵 組織改革のためのヒント「ライフステージを見極める」

　自分にできないこと, 自分ではどうしようもないことを思い悩む

のではなく，どうしようもないということを諦める（明らかに極める）。諦めるという言葉は本来ネガティブな意味ではなく，ポジティブな言葉です。

　ありたい自分を実現するためには，いま自分自身がどのライフステージにいるかを，明らかに見極めることが欠かせません。そして次のステージに向かう階段がはっきりしたなら駆け上がるのもよいかもしれませんが，自分の歩幅でゆっくりと上がるのもありです。そうして諦めたからこそ上がれる次のライフステージがあるのです。

第 **2** 章

職場にあふれるニューロダイバーシティ

2-1　ハッタツ×職場

考えてほしいこと

　あなたの職場にハッタツ（発達特性を持った人）はいますか？

　「いる」と「いない」のどちらかにチェックを入れ，そう答えた
理由を記入してください。

　□いる　　□いない

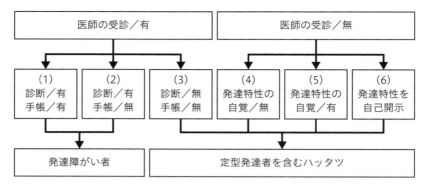

医師の受診／有			医師の受診／無		
(1) 診断／有 手帳／有	(2) 診断／有 手帳／無	(3) 診断／無 手帳／無	(4) 発達特性の 自覚／無	(5) 発達特性の 自覚／有	(6) 発達特性を 自己開示
発達障がい者			定型発達者を含むハッタツ		

図 2-1　職場のハッタツ

2-1-1　20 人に一人が発達障がい

　発達障がいという言葉は近年急速に広まり，小学生の発達障がい児数は，2006 年には 7,000 人でしたが，2019 年には 7 万人を超えました。調査すればするほど増えているという報道もありますし，じっとしていられない人や，周囲の人とコミュニケーションが上手く取れない人など，さまざまな発達特性を持った人がドラマや映画の主人公になることも増えてきました。

　実際のところ，発達障がい者はそんなに急に増えたのでしょうか。発達障がいの診断が増えているのは確かですが，人々の発達障がいに対する認知度が上がったことにより，元々たくさんいたハッタツが診断にいたることが増えたのだと，私は思っています。一昔前は，知的障がいと精神障がいと発達障がいの違いを理解していない人が多かったのですが，今ではそういう人は少なくなってきています。

　この章では，前章でお話ししたハッタツが，職場においてどういう形ではたらいているかを整理します。

　（1）医師に発達障がいと診断されて，障がい者手帳を保持し

ている発達障がい者

（2）医師に発達障がいと診断されたが，障がい者手帳は保持
していない発達障がい者

（3）医師に発達特性を持っていることは確認されたが，発達
障がいとまでは診断されていない定型発達者

（4）本人が発達特性を持っているという自覚が全くない定型
発達者

（5）本人は発達特性を持っている自覚があるが，周囲の人に
発達特性を持っていることを悟られないように工夫してい
る定型発達者

（6）周囲の人に発達特性を持っていることを自己開示してい
る定型発達者

　上記（1）のハッタツは正社員が 100 人以上の組織であれば，
2021 年 3 月から引き上げられた障がい者の法定雇用率 2.3％の枠
ではたらいている場合もありますが，上記（2）〜（6）のハッタ
ツは定型発達者として一般就労枠ではたらいています。

　この項の冒頭の「考えてほしいこと」は，あなたが（2）〜（6）
の障がい者手帳を保持していないハッタツの存在に，気づいている
かいないかという意味も含んでいます。20 人に一人いるハッタツ
が，あなたの職場に一人もいないと答えた人は，本当に一人もいな
いのか，ただあなたが気づいていないだけなのかを見直す必要があ
るかもしれません。ただそれは，職場にハッタツがいるかどうかを，
突き止めるということではなく，本来，全ての人たちがそれぞれに
ちょっとずつ違うということを意識できるといいな，と思うのです。

🔑 キー概念「障がい者の法定雇用率」
　日本には障がい者雇用促進法というものがあります。これに

より組織は一定の割合で障がい者の雇用を課され，法定雇用率を上回れば調整金・助成金を交付され，これを達成できなければ納付金・調整金を支払わされます。組織は法定雇用率をクリアするために障がい者を雇用するか，あるいは法定雇用率を達成するのを見送って納付金・調整金を支払うかの選択が迫られています。

　つまり障がい者を雇用するための必要な環境調整費用と，雇用しなかった場合の納付金・調整金を支払うのと，どちらの負担が少ないかで判断している組織が多いのです。しかしこの法定雇用率は，障がい者雇用促進法そのものの考え方が変わらない場合，これからも下記のように徐々に引き上げられる予定です。

・2013 年：2.0%（はたらく 50 人に一人）
・2018 年：2.2%（はたらく 46 人に一人）
・2021 年：2.3%（はたらく 43 人に一人）
・2024 年：2.5%（はたらく 40 人に一人）

2-1-2　マジョリティかマイノリティか

　発達障がいは日本では 20 人中一人というマイノリティ（少数派）です。そして定型発達者は 20 人中 19 人というマジョリティ（多数派）です。マジョリティも，マイノリティもお互いの多様性を理解するのが理想ですが，発達障がいという垣根があるとなかなか簡単ではありません。まずは職場によく見られるマジョリティとマイノリティの例を理解してみましょう。

　例えば，職場の全員に同じ伝達を口頭でしたのに，一部の少数の人には内容が伝わらないことがありませんか。口頭だと多くの人には推測できる行間を省いて伝えていることがあり，これを読みとれ

ない人が中にはいるのです。伝達は口頭ではなく，メモ書きにして書面で具体的で伝えてみてください。そんなちょっとした試みをするだけで，同じようなミスを繰り返すことがなくなる場合もあります。

　もっと分かりやすい例に色があります。日本だと信号機の進めの色は青色とされます。でも本当にそうでしょうか。中には青色ではなく，緑色に見えている人もいるのです。目で見て緑色と認識しているのに，その情報を日本の風習に合わせて青色と答えている人がマジョリティで，見たままの緑色と答える人はマイノリティとなってしまいます。また同じ沖縄の海を見て，エメラルドグリーン（青緑色）と言うか，青色と言うか，水色と言うかには個人差があります。もっと突き詰めると，そもそも何をもって青色とみなすのでしょうか。結局は一人ひとりが五感で認知して脳で情報を処理した結果，言葉として発した色という結果であって，それがマジョリティであってもマイノリティであっても，どちらが正しいとか間違っているとかいう問題ではありません。

　しかしニューロダイバーシティが理解されていない職場では往々にして，マジョリティが正しくてマイノリティが間違っていると判断される場合があります。私はマイノリティという言葉に，マイナスイメージを抱きません。むしろマイノリティの方が人と違っていて，ステキではありませんか？

🔑 キー概念「白黒思考」

　白黒思考とは，物事を二分化して白（正しい／良い）か黒（間違い／悪い）かで判断してしまい，どちらかでなければ納得できないという考え方の癖のことです。私たちの生きる社会はグレーな物事で溢れているにもかかわらず，白黒思考で柔軟な考えができないと，自分だけでなく周囲の人にも不要に高いハー

ドルを設定し，ストレスを与える結果になりがちです。前章に登場したAさんのように相手を論破する人の根底にも，白黒思考が横たわっている可能性があります。

ニューロダイバーシティには，正しいとか間違っているとかの白黒思考はありません。一人ひとりの価値観を全て肯定的に理解することが大切です。

さてそれでは，営業職を天職と感じながらも，同じミスを繰り返していたEさんの事例を見ていきましょう。

📋 事例「同じミスを繰り返す」

Eさんは大学3年生のときに，大学構内で開催された合同企業説明会で，ある企業の人事担当者から，「女性の営業職は今後も増えていくし，営業の仕事は人とのコミュニケーションが中心。あなたぐらいコミュニケーション能力があったら，きっと成績優秀でたくさんのインセンティブ（成果報酬）がもらえるはず」と勧誘されました。Eさんは完全週休2日制で，産休・育休の取得実績も多かったその企業に就職することに決め，大学卒業後に入社しました。

その企業では入社1カ月間の新入社員研修中に，新規開拓営業の一環として，アポイントメントを取らずに取引のない企業を訪問する飛び込み営業に挑戦するのが，創業時からの慣例でした。他の新入社員たちが飛び込み営業で，非常にメンタルを消耗していく中，断られてもめげないEさんだけが毎日積極的に飛び込み営業を続けました。その結果，研修中に2件も新規開拓に結びつけるという快挙を成し遂げ，その成果が認められて本社営業部に配属されました。

営業職は天職とEさんは感じていましたが，実際の営業職の仕事は顧客を訪問するだけでなく，企画書・見積書・契約書作成など

さまざまな事務作業がありました。Ｅさんは顧客先での対応は抜群でしたが，事務作業でのミスに加え，顧客との約束時間を忘れる，遅れるなどのミスが頻繁にありました。Ｅさんはその度にＦ課長に，「同じようなミスを繰り返すのは，やる気がない証拠」と同僚の前で叱責され，頭が真っ白になりました。メンタルの強さに自信のあったＥさんでしたが，次第に気分が沈みがちになっていきました。また，職場には営業成績のグラフが張り出されていて，Ｅさんは他の営業部員と営業成績を比べられることも大きなプレッシャーになり，入社１年後に胃潰瘍になったのをきっかけにその企業を退職しました。

- Ｅさんの発達特性＝好奇心旺盛でさまざまなことに挑戦ができる。ひとつのことに集中を持続することができない。
- Ｆ課長の発達特性＝仕事に一定の評価規準を設けることができる。部下それぞれの能力を個別に評価することができない。

🔍 考察——あなたならどうする？

　あなたがＥさんの上司だったら，新規開拓営業で抜群の成績を残すも，事務作業や顧客との約束がおろそかなＥさんについてどう評価しますか。また，あなたは誰かが叱責されているのを見てどう感じ，叱責している人，叱責されている人にどんな声をかけるかを考えてみてください。

　Ｅさんは，何かミスをしても両親から強く叱責されたことはありませんでした。忘れものも多かったのですが，教材のほとんどを学校に置くことで対応していました。しかしＥさんははたらき始めてから，毎日のように同僚たちの前でＦ課長から叱責されることが大きなストレスとなり胃潰瘍になりました。Ｅさんはそのときのことをふりかえって，「事務作業のミスや約束時間を忘れたことを

叱責されていたというより，私自身の人格を否定されている感じがしていました」と語っています。

　また営業成績をグラフにして誰もが見えるところに掲示することは，マネジメントする管理職側にとっては，進捗管理がしやすいというメリットはありますが，実際に行動する営業部員は，いかにも管理されていると感じ，モチベーションが下がる要因ではないでしょうか。

🔎 キー概念「叱責は，百害あって一利なし」

　叱責した人は自分の怒りを発散させることができますが，叱責された人には大量のストレスが発生し，もう叱責されたくないという思いばかりが募ります。ミスを無くすための行動を考えるよりも，叱責されないことを考えるようになり，ミスを隠すか，あるいはミスを自分のせいではないと主張して，自分を守ることを優先します。その結果，益々叱責される頻度が増えてしまうのですが，ストレスを受けた人の脳には，それを熟慮する余裕がないのです。

　叱責した人もされた人も本来はミスを無くす行動を期待しているはずなのに，叱責という行為が全てを無駄にしてしまうのです。しかもそればかりか，叱責するという行為を見ている周囲の人にもストレスを与えるという悪影響まで加わります。

　ミスを叱責するのではなく，注意を促すという場合でも，人前でしないのはもちろんのこと，ミスをしたということの注意を促すのであって，ミスをした人の人格否定をしないことが大事なのは言うまでもありません。

🌀 組織改革のためのヒント「多数派が正しいわけではない」

　人は同じ体験をしても，その体験から得るものは一人ひとり異なります。同じように人が五感で得た情報を脳で処理した結果も，一人ひとり違います。その情報の中でも言葉とは実に曖昧なもので，使った人や聞いた人によって，微妙にニュアンスが異なります。その微妙な違いの振れ幅が定型発達者は小さく収まるのに対し，ハッタツは他の人と大きく異なることがあります。これがいわゆるマジョリティ（多数派）とマイノリティ（少数派）の間にある壁です。どちらが正しい，間違っているではありません。マイノリティの多様性も，マジョリティの多様性も，一人ひとりの違いを区別なく理解するのが，ニューロダイバーシティです。多数派だからと言って正しいと勘違いしないよう心がけましょう。

2-2　さまざまな特性って何？

考えてほしいこと

　あなたは全く欠点のない完全無欠のロボットのような存在になりたいですか？　「なりたい」と「なりたくない」のどちらかにチェックを入れ，そう思う理由を記入してください。

　　□なりたい　　　□なりたくない

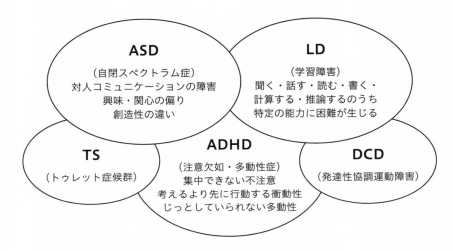

図 2-2　さまざまな発達障がいの類型

2-2-1　完全無欠の人はいない

　発達特性以外にも，目に見えない特性にはさまざまなものがあり，その程度も一人ひとり違います。ここでは，目に見えず，生きづらさを感じやすい特性にどんなものがあるか見ていきましょう。なお，医学的・心理学的な分類であるかどうかは度外視します。

　できることとできないことの差が大きい，「発達障がい」には……

　　（1）聞く，話す，読む，書く，計算する，推論するなどのうち特定の能力に困難が生じる「学習障がい（LD）」。

　　（2）集中できない，考えるより先に行動する，じっとしていられないなどの「注意欠如・多動症（ADHD）」。

　　（3）対人コミュニケーションに困難が生じ，興味や関心が偏っている「自閉スペクトラム症（ASD）」。

　　（4）運動や空間認識が苦手，あるいは手先がとても不器用な「発

達性協調運動障がい（DCD）」。
（5）自分の意志とは関係なく現れる運動チックや音声チック
　　が続く「トゥレット症候群（TS）」。

繊細さんと呼ばれている，「ハイリーセンシティブパーソン
（Highly Sensitive Person：HSP）」には……
　（1）刺激を探求するが，その刺激に圧倒されやすい「HSS（High
　　　Sensation Seeking）型 HSP」。
　（2）静かな環境が好きで，危険は冒さず刺激を回避する「非
　　　HSS 型 HSP」。

性的少数者と呼ばれている，「LGBTQ ＋」には……
　（1）女性を恋愛や性愛の対象とする女性の「レズビアン
　　　（Lesbian）」。
　（2）男性を恋愛や性愛の対象とする男性の「ゲイ（Gay）」。
　（3）男女どちらも恋愛や性愛の対象とする「バイセクシュア
　　　ル（Bisexual）」。
　（4）身体的な性と自認する性が異なる「トランスジェンダー
　　　（Transgender）」。
　（5）自分の性自認や性的指向が定まっていない「クエスチョ
　　　ニング（Questioning）」。
　（6）自分の性自認が男女どちらにもはっきりと当てはまらな
　　　い「X ジェンダー」，非性愛者の「ノンセクシュアル」，絆
　　　が強い相手にのみ性的欲求を抱く「デミセクシュアル」な
　　　ど，上記以外の性的少数者を総合した「プラス（＋）」。

　身体的，あるいは心理的虐待のある機能不全家庭で育った，「ア
ダルトチルドレン（AC）」には……

（1）周囲の人の期待に応えようという一心で頑張る「ヒーロー（Hero）タイプ」。

（2）問題行動を起こし周囲の人の注意を集めようとする「スケープゴート（Scape goat）タイプ」。

（3）恐怖感や悪い雰囲気をふざけて誤魔化そうとする「ピエロ（Pierrot）タイプ」。

（4）極力目立たたないように大人しくして自己表現をしない「ロストチャイルド（Lost child）タイプ」。

（5）周囲の人の問題でも，自分の問題のように一生懸命になる「ケアテイカー（Care taker）タイプ」。

　このように発達特性だけでなく，目に見えない特性を持ったマイノリティの人が，大まかに紹介するだけでもこれだけいます。そしてマイノリティに分類されるこれらの特性は，マジョリティと比較して特徴づけられているケースが多いようです。発達特性にも平均以上にできることと平均以下にできないことの両方があるのに，何故かネガティブな面にばかり着目されがちなのです。

🔑 キー概念「感覚過敏と感覚鈍麻」

　発達特性を持った人の中には，生活の中での刺激にとても敏感な感覚過敏や，逆にとても鈍感な感覚鈍麻というものがあります。特に感覚過敏は，仕事をする上で，大きな不便や苦痛を感じることにつながります。以下に職場における代表的な五感の感覚過敏の例を紹介します。

・視覚過敏：太陽光やパソコンの画面が眩しくて事務作業を妨げられる。

・聴覚過敏：エアコンの音が気になって仕事に集中できない。

・嗅覚過敏：香水の匂いで頭が痛くなる。

・味覚過敏：舌触りや味付けの変化が苦手で同じお弁当しか食べられない。

・触覚過敏：背中に当たるタグがチクチクして制服が着られない。

　マジョリティ（多数派）が不便や苦痛を感じないことでも，こうした感覚特性を持った人には大きな不便や苦痛を感じることがあります。そのため安心して仕事することができずに，ミスをしてしまうこともあるのです。本人の工夫だけでは防ぎ切れないものもあり，そういう人に対して，我慢を無理強いするのではなく，周囲の人が理解を示すことで，職場が安心できる場所になっていくのではないでしょうか。

　何の特性もない完全無欠の人間はいません。いるとしたらその人は，人間ではなくロボットです。人には大なり小なり一人ひとり違う発達特性があるから人間なのであって，それをお互いに認め合っていくことが大切なのではないでしょうか。まずはあなた自身の特性を理解することから始めてみませんか。

2-2-2　特性をポジティブに捉える

　では次に，そうした特性を持った人をポジティブな視点から捉えた場合に見えてくる側面を挙げてみます。

● 学習障がい（LD）：データのパターンや傾向を見抜く力などに長けている人が多い。

● 注意欠如・多動症（ADHD）：新しいものやアイデアを生み出す革新性に富んだ人が多い。

- 自閉スペクトラム症（ASD）：責任感の強さなどから目的達成力の高い人が多い。
- 刺激を探求するハイリーセンシティブパーソン（HSS型HSP）：リスクやスリルを好み，人との関わり合いを好む人が多い。
- 刺激を回避するハイリーセンシティブパーソン（非HSS型HSP）：周囲の人の感情を読み取る共感性の高い人が多い。
- 性的少数者（LGBTQ＋）：一つの視点に固執せず，多角的に物事を捉える人が多い。
- アダルトチルドレン（AC）：他人に親切で争いや対立を避け，社会貢献する人が多い。

🔑 キー概念「リフレーミング」

　リフレーミングとは人や物事を見るフレーム（枠）を変えることです。

　状況枠の見方を変えると，「その状況では，役に立たなかったけど，別の状況では役に立つかもしれない」と捉えられます。

　時間枠の見方を変えると，「現在は上手くいってないかもしれないが，この経験は将来活かせるかもしれない」と捉えられます。

　内容枠の見方を変えると，「その人や物事にはその価値だけでなく，もっと別の価値もあるかもれない」と捉えられます。

　このようにリフレーミングとは人や物事を多角的に見ることで，ネガティブな見方をポジティブな見方に変換することができます。特にマネジメントする人にとっては欠かせない，人の短所を長所に変える必殺技と私は思っています。

　例えば，以下のように。

・「作業が遅い」ではなく「作業が丁寧」

・「失敗ばかりしている」ではなく「多くのことに挑戦している」

・「頑固」ではなく「意志が固い」

・「自己主張が強い」ではなく「妥協しない」

・「仕切りたがる性格」ではなく「人を動かす力がある」

・「横柄な態度」ではなく「物怖じしない」

　このようにリフレーミングされることによって捉え方がポジティブに変われば，誰しも一歩を踏み出す勇気が湧くのではないでしょうか。

　前項でも触れましたが，このようにさまざまな特性を種類分けする習性が，人にはありますが，これは本来，一人ひとりは違うというニューロダイバーシティの考え方に反するといえます。

　ですから，ここで紹介したさまざまな特性について，誰がどの種類の特性に属するかを突き止めるのではなく，こういう特性を持った人たちが，あなたの周囲にもいるということを，頭の隅に留めておくために役立ててください。間違っても，こういう特性の人だというレッテルを貼るために当てはめたりしないで欲しいのです。そして何よりもあなたが自分自身にレッテルを貼らないようにしてください。特性はその人の全てではなく，その人の一側面であるということも頭の隅に常に留めておいてください。

　さてそれでは，できないことをどうにかしてできるようにしようとするあまり，ストレスを溜め込んだＥさんの事例を紹介します。

▣ 事例「できないことをしようとする」

　Ｅさんは最初に就職した企業を退職した半年後，胃潰瘍を完治させてから精力的に転職活動を行い，新たな企業で営業職に就きまし

た。Eさんは,「もう前のようなミスを繰り返さない」という強い思いから, 資料や書類やパソコンなどは全てキャリーケースに詰め込み, 職場と顧客先と自宅の間を持ち運び, 忘れ物がないようにし, 見積書や契約書などさまざまな事務作業は帰宅後, 毎晩自宅で深夜まで時間をかけてチェックしました。さらに顧客との約束時間を忘れないよう, スマートフォンのアプリケーションを駆使して時間管理も徹底しました。努力のかいあり, 書類のミス, 忘れ物, 約束時間のすっぽかしなど大きな問題はしなくなりましたが, Eさんは空腹時に腹痛を感じるようになり, 市販の胃薬を常用するようになりました。

　そして転職6カ月後,極度の貧血のため顧客先で倒れたEさんは, 救急搬送された病院で, 十二指腸潰瘍と診断されました。医師からは十分な睡眠と休養を取ってストレスや疲れがたまらないはたらき方に改善することをすすめられました。Eさんは入院中のベッドの上で, はたらき方の改善方法を考えましたが, 考える度に前職のF課長にみんなの前で叱責されている自分の姿を思い出し, 涙が止まらなくなり再び退職を決意しました。

- ●Eさんの発達特性＝何事にも強い思いで取り組むことができる。自分の思いや感情を抑えることができない。

🔍 考察──あなたならどうする？

　あなたがEさんだったら, 常に全てのものを入れたキャリーケースを持ち運びますか。もしあなたがEさんの同僚だったら,常にキャリーケースを持ち運んでいるEさんを見て,どんな声をかけますか。さらにもしあなたがEさんの上司だったら, Eさんにどんな対応をするか考えてみてください。

　Eさんは新しい企業では上司からストレスを与えられることはあ

りませんでしたが，「もうミスを繰り返さない」と自分で自分を追い込み，それが大きなストレスとなり十二指腸潰瘍になりました。どんな人にもできないことや苦手なことの一つや二つはあります。できないことを無理してできるようにするために，心身を傷つけてまで努力する必要があるのでしょうか。

組織改革のためのヒント「できることに着目する」

　全く何の特性もない人，完全無欠の人はいません。そして100％ADHDの人とか，100％アダルトチルドレンの人もいません。感覚過敏だったり，感覚鈍麻だったり，視覚優位だったり，聴覚優位だったり，人は大なり小なりさまざまな特性を併せ持っています。ただ，その内のどの特性が見えていて，どの特性が見えていないかで捉え方が変わってくるだけなのです。周囲の人のできないことやネガティブな側面に着目するのではなく，できることやポジティブな側面に着目することと同時に，あなた自身の特性を見詰め直すことが大切ではないでしょうか。

2-3 生きづらさの自己受容

考えてほしいこと

　あなたは今までに, 生きづらさを感じたことがありますか？　「ある」と「ない」のどちらかにチェックを入れ, 「ある」にチェックを入れた人はどんなときに感じたかを, 思い出して記入してください。

　□ある　　□ない

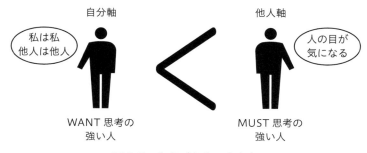

図2-3　生きづらさの大きさ

2-3-1　ありのままの自分を受け入れる

　いきいきムーンで自助会を開催すると，ほぼ毎回話題に挙がるのが，生きづらさと自己受容についてです。では最初にハッタツ（発達特性を持った人）のはたらく上での自己受容の大切さについて述べていきます。

　ハッタツの中には組織への採用面接が困難を極めているケースが散見されます。私はその主な要因が自分のできることとできないことを自己受容していないことにあるのではないかと思っています。多くの人は自分のことは自分が一番よく知っていると思っているため，自己受容を怠りがちです。

　自己受容ができていない人には，自分のできることとできないことを書き出してもらうといいかもしれません。自分のできることとできないことを理解することは，採用面接だけでなく，採用後にはたらき続けるためにも重要です。そして応募する組織は，他人の目や世間体を気にすることなく，自分で決めることも大切です。

　自己受容が進めば，面接官や職場の人にできることが伝わりやすくなり，できないことに対しては，必要な配慮を求めやすくなります。もちろん，職場の全ての人がニューロダイバーシティを理解していることはまれです。少なからず理解していない人たちとは摩擦

が起きることもあるかもしれません。しかし，まずは理解してくれる人と一緒にはたらき，自分ができることで成果を出せる状況をつくることが大事です。次第に自己肯定感は高まり，いきいきとはたらき続けられるようになっていきます。

　できることとできないことは変わらなくても，自己受容が進むことで，心の消耗が少なくなることも，はたらき続けるためには大切な要因です。そして，それぞれの発達特性を最大限活かすことができれば，キャリアアップにつながるはずです。はたらき続けられるかどうかは，発達特性の大小ではなく，自己受容ができているか，そしてその自己受容した内容を周囲に開示して，他人に理解してもらえるかが大きなポイントです。

　自己受容が進まない人の中には，できないことを悪いことと植えつけられている人も多く，採用されなかったり，はたらき続けられなかったりすることも含め，何でも発達特性のせいにしてしまいがちです。問題はありのままの自分を他人に理解してもらう前に，自分自身が自覚し自己受容することです。

🔑 キー概念「失敗する権利」

　期待していた結果が得られないとき，人はそれを失敗と呼び，悪いことと捉えていないでしょうか。誰もが知っている「失敗は成功のもと」という言葉があります。誰かが失敗したとき，そして自分が失敗したとき，実際にそう思うことができるかどうかが非常に重要です。

　私は相談事に応えるとき，できるだけ成功例や具体的な対応策は話題にしないように心掛けています。特に成功例は，成功したその人のその条件下でのものであって，誰にでも当てはまるわけでもなく，ましてや他人のライフハック（成功例）で一時的に上手くいっても，それがその人の血肉になっていないと，

その場を凌いだだけになることが多いと思っています。実際に行動する人に役に立つのは成功例よりもむしろ失敗例です。

しかし，今の社会では「失敗する権利」が阻害されている組織が多いのではないでしょうか。「成功する権利」だけが認められ，「失敗する権利」に寛容でない組織では，失敗することが恐れられ，誰もが守りに入ってしまいます。そうすると自主性が育まれず，行動がどうしても受け身の連続になってしまうのです。

2-3-2　生きづらさの正体

発達特性に限らず，他の特性を持った人の生きづらさも同じで，その特性があるから生きづらいのではなく，その特性を悪いことと決めつけている人との人間関係が生きづらさの正体なのです。

さまざまな特性の有無にかかわらず，職場の退職理由の9割が人間関係です。全ての職場の全ての人間関係の問題を解決することは不可能でしょうが，問題を軽減させることはできます。そのためには，できないことを無理にしようとしないことです。つまり自分がコントロールできるのは自分だけなので，職場の人全員に好かれよう，受け入れてもらおうとしないことです。

他人の目を気にして，職場の全ての人に理解してもらおうなどと考えなければ，人間関係の問題は軽減していきます。こうして生きづらさの根本要因が特性ではなく，自分と他人を分離できていなかった自分にあったことに気づけば，生きづらさは大きく軽減します。

さてそれでは，同じような特性のあるEさんとGさんのはたらく環境による違いの事例を見ていきましょう。

🔳 事例「完璧を求めない」

　Eさんは胃潰瘍や十二指腸潰瘍の原因がストレスであることを理解し，天職だと思っていた営業職はもう諦めなければならないと考えていました。しかしEさんにとって，営業職以上に事務職はストレスが大きい職種であるため，途方に暮れていました。そんなときお見舞いにきてくれた外資系企業で営業職をしている大学時代の友人のGさんに，Eさんはその悩みを打ち明けました。

　Gさんは，「へぇ〜そんなことまで全部，営業職がする会社もあるのね。私のところは営業職には必ず専任の営業アシスタントがいて，営業職の私は顧客訪問に専念して，事務作業やメールや電話の対応，それにスケジュール管理なんかもみんな，その営業アシスタントがやってくれるの」とニッコリと微笑みました。

　Gさんの話はEさんにとって夢のような魅力的なものでした。Eさんは前回のように自分で転職先を探さず，転職エージェントに「私，事務作業が凄く苦手なのです。だから必ず営業アシスタントを付けてくれる企業の営業職を探してほしい」と告げて転職先を探してもらいました。Eさんが諦めたのは営業職ではなく，全てを自分一人で完璧にしようとすることでした。

- EさんとGさんの発達特性＝好奇心旺盛でさまざまなことに挑戦ができる。ひとつのことに集中を持続することができない。

🔍 考察——あなたならどうする？

　あなたがストレスに起因する十二指腸潰瘍と診断されたら，どうしますか。もしあなたの同僚が十二指腸潰瘍と診断されたら，あなたはどんな声をかけますか。そしてもしあなたの部下がストレスに起因する疾病と診断されたら，あなたはどんな対応をするか考えてみてください。

マルチタスクを求められる企業ではたらいていた E さんと，外資系企業で営業のスペシャリストとしてはたらいていた G さんとでは，全くストレスの度合いが違いました。1 社目でも 2 社目でも E さんは，何もかも自分一人で完璧にこなそうとしてきました。しかし E さんは G さんの話を聞いて，自分でできないことは誰かに助けてもらうという方法があることに気がついたのでした。

　前章で NO が言える安心で安全な職場についてお話しましたが，本章では HELP が言える安心で安全な職場についても考えてみてください。できないことをしようとして，生きづらさを感じている人。できないことをさせようとして，生きづらさを感じさせている人。そして，周囲にそうした人がいることに気づいていない人，気づいて何か行動を起こす人，起こさない人。こんなさまざまな人がいるのも，ニューロダイバーシティ（脳の多様性）とは言えないでしょうか。

🔵 組織改革のためのヒント「生きづらさのない組織」

　この項で説明した，生きづらさと自己受容の関係性ということは，ハッタツや HSP，LGBTQ ＋，アダルトチルドレンなどのマイノリティだけでなく，定型発達者も同じです。発達障がいや LGBTQ ＋を病気だという偏見がある組織や職場，特性を持った人に生きづらい組織は，実はできることとできないことの差の小さい定型発達者にも生きづらく，メンタル疾患者や離職者が多く発生する組織や職場となっているのではないでしょうか。

2-4 社会的環境要因と価値観

考えてほしいこと

　あなたは異なる価値観を持つ人と，同じ価値観を持つ人，どちらの人と話をしたいと思いますか。下記のどちらかにチェックを入れ，その理由を記入してください。

　□異なる価値観を持つ人　　□同じ価値観を持つ人

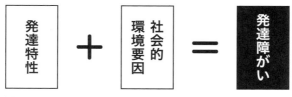

遺伝子などの
生物学的差異

発達特性に理解のない
家庭や職場

発達特性があっても発達障がいを
発現させない人も多い

図 2-4 「発達特性＝発達障がい」ではない

2-4-1 ヒエラルキーな社会構造

　発達特性と発達障がいの違いの項でもお話しした通り，生物学的
差異としての発達特性があるだけで，発達障がいと診断されるわけ
ではありません。発達特性に理解のない家庭や職場といった社会的
環境要因が加わることで，発達障がいは顕在化され診断にいたりま
す。発達特性があっても一生，発達障がいを発現させない人はたく
さんいるのです。

　社会的環境要因，家庭や職場とは，突き詰めれば人です。具体的
には，養育者・支援者・雇用者であり，そうした人たちからの個人
的な価値観の押しつけです。今の日本社会では，上下関係で上の人
の価値観やマジョリティの価値観が正しくて，下の人やマイノリ
ティの価値観が間違っているとされることが多いでしょう。ハッタ
ツ（発達特性を持った人）を取り巻くヒエラルキーな社会構造が，
発達障がいをつくり出しているのです。

　かつては，多くの男性は女性を下に見た態度や言葉を投げ掛け，
多くの女性もそれを受け取らざるを得ない構造でした。しかし女性
の活躍を推進する性別の多様性，ジェンダーダイバーシティの重要

性が叫ばれる今，そのようなことは組織の成長の妨げになっています。

　ニューロダイバーシティの概念も，女性の管理職登用と同じように，これからますます必要になってきます。組織の中で，特定の特性を持つ人たちがヒエラルキーの下層に押し込められていては，その組織の未来は危ういでしょう。

🔑 キー概念「パターナリズムとアンコンシャス・バイアス」

　強い（上の）立場の人が，弱い（下の）立場の人に「あなたのため」と，自分が良かれと思っている価値観を押しつけることをパターナリズムと言います。つまり「あなたのため」という言葉には，「あなたの価値観は尊重しない」という意味が潜んでいることが多々あります。

　また「あなたのため」と，親が良かれと思っている価値観を子どもに押しつけているケースがあり，このように家庭内で弱い立場にある人に対して，心理的（あるいは身体的）虐待のある家庭を機能不全家庭と呼びます。もし組織のトップや職場の管理職から部下への価値観の押しつけによって精神的負荷が日常的にあるなら，その組織や職場は，機能不全組織・機能不全職場と呼べるかもしれません。

　なぜ，そのようなパターナリズムになってしまうのでしょう。組織のトップや職場の管理職にも自分の価値観があること自体は全く問題ないのですが，はたらく人一人ひとりの違いを理解せず，自分の価値観だけが正しいと思っていることが問題なのです。このような歪みや偏りをアンコンシャス・バイアス（無意識の偏見）といいます。組織や職場にはアンコンシャス・バイアスが溢れていて，意識的な偏見よりも，こうした無意識な偏見で傷つく弱い立場の人がいるのです。

2-4-2　一人ひとりの価値観を理解する

　ここで少しだけ私自身の体験をふりかえり，紹介してみたいと思います。

　子どもが生まれ，養育者になったとき，私の中では「子どもを成長させたい」という強い想いが生まれました。それが自分の価値観を子どもに押しつけて，子ども自身の考えや価値観に耳を傾けられていない状況につながっていることに，当初は全く気づきませんでした。何をもって成長とするかは，一人ひとり違うので，私の良かれと思っている成長と，子どもが思っている成長は別のことです。特に親子関係では，価値観を全く押しつけないなんてことは，とても難しいことだと身に染みました。

　それからキャリアコンサルトという人を支援する立場になったばかりの頃も，私はまた同じ失敗をしてしまいました。キャリアカウンセリングというものは「自分が自分をどのように捉えているか」という自己概念の成長を促す働きかけをすることが定義付けされています。そのため，成長したくない，変わりたくない，はたらきたくないという相談者を，社会が認める成長に導こうとしてしまったのです。そのことに気づくまで，数カ月の時間を要しました。社会が認める成長や成功に，必ずしも誰もが価値観を置いていないという，あまりも基本中の基本を，私は置き去りにしていたのです。

　その後，私は勤めていた組織で執行役員に任命されることになります。そして雇用者側の立場になった私がその時，時間をかけて考え，全員を集めて宣言したのは次のようなことです。「各自の仕事内容や目標は各自で決めてください。その仕事内容や目標に対する指導や進捗状況の管理はしません。各部署の部署会議にも出席しません。ただし相談があるときは，いつでも私の部屋にきてください」。旧来の価値観を持った管理職や，部下を自分の思い通りにしようとしている管理職から見れば，私の言動は仕事放棄に映ったと思いま

す。けれどもその頃の私は，もう周囲の人の目は気にならなくなっていました。

　少々余談が長くなってしまいましたが，自分と何もかもが全く同じ価値観を持つ人は存在しないと思います。だからと言って社会や他人の価値観を否定しても，社会も他人も1ミリも変わりません。それなら自分と異なる価値観を持つ人と対話し，相手の価値観を理解した上で，自分の価値観を理解してくれたら，それでニューロダイバーシティは半歩前進したと考えるようにしています。

🔑 キー概念「医学モデルと社会モデル」

　障がいの医学モデルと社会モデルという言葉があります。医学モデルは個人モデルともいわれ，その人の機能的制約を障がいと捉える考え方です。一方，社会モデルとは，障がいはその人の機能的制約と社会的環境要因が相まって作り出されるものという捉え方をします。2006年に国際連合で採択された「障害者権利条約」でこの社会モデルの考えが示されたことにより，障がいの概念は医学モデルから社会モデルへと移行が進みました。

　この項の冒頭から説明している通り，私が本書で重点を置いているのも社会モデルです。社会モデルは，発達障がいの発現やメンタル疾患の発症を抑制するために，社会的環境要因を取り除くことを社会全体の課題として捉える考え方です。

　職場の環境要因によって発達障がいを発現させる人，またメンタル疾患の発症を労災認定された人が，2010〜2019年の10年間で6割以上増えたという報道がありました。しかし実際には労災認定されていない人も多くいるはずですから，そうなると社会的環境要因でメンタル疾患を発症させた人の数は，一体どれほどの数に

なるのでしょうか。

さてそれでは，メンタル疾患を乗り越え，さまざまなことに気がついた E さんの事例を見ていきましょう。

📖 事例「情報共有と感謝の言葉」

転職エージェントに紹介された企業の営業職として採用された E さんは，苦手な事務作業から解放されたこともあり，営業成績をメキメキと伸ばしていきました。E さんがその企業ではたらくときに心掛けたのは，たった二つのことだけでした。一つは，顧客先で得た情報はどんな細かな情報でも営業アシスタントの H さんと共有すること。そしてもう一つは，H さんが何かしてくれる度に，「いつも助けてくれて，ありがとう」と感謝の言葉を伝えることでした。

H さんはそれまでのパートナーだった営業職から，指示されたことを淡々とこなしても，E さんのように感謝されたことはなく，また E さんのように，「あなたはどう思う」などと，意見を求められることもなかったので，最初は戸惑っていました。しかし徐々に新しい関係性に慣れ，H さんは積極的に意見を言うようになり，その意見を企画書に盛り込むことで，E さんの営業成績はさらに伸びていき，転職して 5 年目にして課長に抜擢されました。

そして課長になった E さんが心掛けたことは，自分の持っている情報は課員全員と共有することと，課員が何かする度に，「いつもありがとう」と感謝の言葉を伝えることでした。こうして E さんの課では，常に感謝の言葉が交わされるようになり，E さんの課の営業成績は社内でトップになりました。

- E さんの発達特性＝一緒にはたらく人の存在を重視し，感謝することができる。一人で複数の作業を完結させることができない。

●Hさんの発達特性＝相手の立場になってサポートすることができる。自分から主体的に行動することが得意ではない。

💭 考察——あなたならどうする？

　あなたの上司が常に「ありがとう」と言ってくれたら，あなたはどんな気持ちになりますか。あなたは同僚とかかわる度に感謝の言葉を交わしていますか。そしてもしあなたが管理職なら部下が何かする度に「ありがとう」と言えるか考えてみてください。

　ピラミッド型の組織構造であるヒエラルキー的組織の最大のデメリットは，上から下への一方向的な指示系統しかないことです。これにより，組織のトップの価値観に捉われがちになり，組織全体が硬直化してしまいます。

　管理職になったEさんは，自分の課をピラミッド（階層）型ではなくフラット（対等）型にすることで，課の営業成績を社内でトップにしました。Eさんは情報共有と感謝の言葉を伝えるよう心掛けた理由を次のように語っています。「営業職が上で，アシスタントが下とか，課長が上で課員が下なんて考えていたら，いい関係も築けないし，いい仕事もできない。私が一番心掛けている情報共有は，私のできないこと，私の分からないことを周囲に伝える意味があります。そうすることで，課の誰かがカバーしてくれます。結局，各自が自分のできることをすることになる。そして自分のできないこと，分からないことをやってくれたのだから，みんながみんなに『ありがとう』を言い合う。それだけですよ」

🔍 組織改革のためのヒント「ヒエラルキーな組織構造の改革」

　日本の教育では長らく，親の言うこと，教師の言うこと，上司の言うことに従うことが正しいこととされてきました。組織の上からの価値観に無意識に従わせるピラミッド構造の背景には，この価値

観が隠れているのかもしれません。本来，全ての人は自分の価値観を持っているはずなのです。

　日本で一人ひとりの価値観を理解するニューロダイバーシティが遅れているのは，ピラミッド組織のヒエラルキーな構造が横たわっていることに原因の一端があるように思います。簡単なことではないかもしれませんが，ヒエラルキーな組織構造を変えていくことで，一人ひとりの違いと一人ひとりの価値観を理解することができるのではないでしょうか。

第**3**章

職場のハッタツ・トラブル

3-1 発達「特性」が「障がい」になるとき

考えてほしいこと

　あなたは「普通は」という言葉を頻繁に使いますか？　「使う」
と「使わない」のどちらかにチェックを入れ，「使う」にチェック
を入れた方は，どういうときに使っているか，「使わない」にチェッ
クを入れた人は，使わない理由を記入してください。

　□使う　　　□使わない

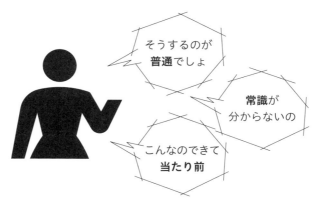

そうするのが**普通**でしょ

常識が分からないの

こんなのできて**当たり前**

図 3-1　価値観の押しつけが垣間見える常とう句

3-1-1　「普通」「当たり前」「常識」の押しつけ

　組織にはさまざまな人がいて，さまざまな仕事があります。発達特性を持っていても，自分のできることを活かして仕事の成果を残していれば，その人の発達特性が周囲の人から見とがめられることはないでしょう。しかしいまの日本の組織ではたらく場合にはマルチタスクが求められることが多く，ハッタツがどんなに努力してもできないことに直面することが避けられません。「誰でもできるのに，何でこんな簡単なことができないの」と理解してもらえず，周囲の人からは怠けていると思われてしまうのです。

　この章ではこれまでよりも多くの事例を紹介しながら，職場のハッタツに関するトラブルがどのような場面で起こりやすいのか考えていきたいと思います。また，その際に注目してほしい点として，価値観の押しつけというものがどれだけ職場に隠されているのかということです。

　あなたは，「学校を卒業したら，就職するのが普通」と思っていませんか。「みんなと同じようにするのが，当たり前」と思っていませんか。「組織のトップの言うことに従うのは，常識」と思って

いませんか。本当にそれが誰にとっても,「普通」で「当たり前」で「常識」でしょうか。これらの言葉に実体は何もなく,「普通」「当たり前」「常識」という言葉は,使った人の認識であり感覚です。強いていうならマジョリティ（多数派）の価値観です。

　さてそれでは,どこにでもあるような何気ない光景の中で,苦痛を感じていたJさんの事例を見ていきましょう。

📖 事例「雑談が苦手」

　Jさんが高校を卒業して就職した企業では,お昼休みに女子社員が社員食堂の一角に集まって昼食を共にするのが慣例でした。Jさんも新入社員教育担当者のKさんに誘われて,みんなと昼食を共にしていたのですが,Kさんに,「Jさんは,どう思う」とテレビドラマやファッションのことなど,興味のないことを問われる度に,「あっ,そう,そうですね」と曖昧な受け答えしかできませんでした。Jさんはこのような仕事と関係のない雑談が苦手だったのです。

　Jさんは,いつ話を振られるか不安で,お昼休みが次第に苦痛になり,入社して3カ月ほど経った日の昼食中,Kさんに,「すみません。明日から私,一人で昼食を食べたいのです」と申し出ました。するとみんなの視線がJさんとKさんに集まりました。慌てたKさんは,「どうしてそんなことを言うの。みんな一緒に仲良くしているじゃない。それとも私たちと一緒が嫌なの」とJさんに聞きました。Jさんが,「ち,違います。みなさんと一緒が嫌とかじゃなく,話に合わせるのが疲れちゃうのです」と答えると,Kさんから,「そうなの。私たちと一緒だと疲れるのね。だったら好きにしなさい」と言われてしまいました。それ以来KさんはJさんに話し掛けてこなくなりました。

　その翌日からJさんは,みんなと離れて一人で昼食を食べました。ただKさんからはお昼休み中だけでなく,仕事中も以前のように,

「何か分からないことない？」などと声を掛けてもらえることがなくなりました。そればかりか他の女子社員たちも，妙によそよそしくなり，Ｊさんは孤立感を抱くようになりました。入社して半年後にはＪさんは出勤することが苦痛になり，仕事を休みがちになりました。

●Ｊさんの発達特性＝テーマが決まっていると活発に発言できる。テーマのない雑談をすることができない。

🔍 考察──あなたならどうする？

　あなたの周囲にも雑談が苦手な人はいませんか。また参加するのが当たり前と飲み会などの参加を強要している人はいませんか。もしあなたが雑談の輪に加わるのが苦手だったら，どうやって対応しますか。そしてあなたが社員食堂で一緒にお昼を食べている中の一人だったとしたら，あなたはＪさんやＫさんにどんな対応をするか考えてみてください。

　食事会や飲み会などでみんなが集まって雑談をすることで，仲間意識を高めることが，ひいては業績アップにつながると考えている人もいます。もちろんそういう側面もあることは否定しませんが，中には雑談が苦手な人もいることを考えれば，必ずしも組織にとって望ましい効果を与えるとは限りません。マジョリティが「普通」「当たり前」「常識」と思っている社会的概念には，一人ひとりの違いは認めないという，アンコンシャス・バイアス（無意識の偏見）が潜んでいるのではないでしょうか。

　次は，苦手なことを理解してもらえなかったＪさんがさらに苦痛を感じていった事例を見ていきましょう。

📖 事例「成功体験の押しつけ」

　人事から新入社員教育担当を任されたKさんは，参考書などを数冊購入して新人教育についてのノウハウを独学で勉強しました。そうして新入社員を少しでも早く一人前にして，重要なポストに抜擢してくれた人事の期待に応えようと思っていました。幸いKさんの担当したJさんは物覚えが良く，しかもKさんが，何か分からないことがないか聞くと，どんどん質問をしてくれる活発なタイプでしたので，教育しがいがあると思っていました。

　業務に関連するところでは活発なJさんでしたが，雑談が苦手だということにKさんは薄々気づいていました。Jさんが自分から昼食時の話題に入ってこなかったのが，入社した頃のKさん自身と似ていたからです。そんなKさんも当時の先輩に強引に話の輪の中に引き込まれて雑談をしているうちに，いつの間にかみんなとの雑談が楽しい時間に変わっていきました。

　Kさんはこんなに活発に質問できるJさんなら，話の輪の中に入ればすぐにでも苦手な雑談は克服できると思っていました。しかし，Jさんのためを思って接してきたつもりだったのに，みんなの前で，「話に合わせるのが疲れる」とJさんに言われて，Kさんは何か裏切られたような思いすら抱きました。

　Kさんは，Jさんに話しかけることをやめつつも，「私の言う通りにしていたら，Jさんも間違いなく雑談が苦手ではなくなるのに」という考え自体は変わらず持っていました。ところがJさんが休みがちになったため，人事からその理由を問われ，Kさんは正直に社員食堂での出来事を人事に話しました。

- Kさんの発達特性＝人の輪を大切にすることができる。協調性を過度に重視する。

🔍 考察──あなたならどうする？

　あなたがKさんの立場だったら，Jさんにどのような対応をしますか。またあなたが人事部長なら，Kさんの話を聞いてどんな対応をするか考えてみてください。

　自分はこうだったから，この人もきっとこうだと考えるとき，その人は一人ひとりの違いを理解しようとしていません。そのようなとき，最も上手くいかないのは，自分が成功した体験だけを他人に強要することです。たとえ特性が同じに思えても，全く同じ人など存在しません。またその人がどのライフステージ（第1章1-4参照）にいるのかによって，その段階で必要なことが変わってきますから，逆効果にもなりかねないのです。

3-1-2　五感のダイバーシティ

　脳の多様性の一つの側面として，同じものを見ても見え方，同じものを聞いても聞こえ方が，一人ひとり違うということを，理解することが大切です。このことを理解していないと，職場でさまざまなトラブルが発生してしまいます。

　例えば日本の職場ではデスクが島型レイアウトになっていることが多いのに対し，欧米の職場ではパーテーションを取り入れ，一人ひとりのデスク空間を確保している方が主流です。これは視覚過敏や聴覚過敏のある人や，集中力を持続しづらい人，さらには定型発達者にとっても集中力を妨げないはたらきやすさを重視しての環境調整のひとつといえます。

> ### 🔑 キー概念「カクテルパーティー効果」
> 　カクテルパーティー効果とは，食事会や飲み会などで，多くの人たちがそれぞれに会話をしている中でも，自分の興味のある話や自分の名前を自然と聞き取れることができる現象のこと

です。

　このような聴覚の指向性にも脳の多様性の側面があって，カクテルパーティー効果の弱い人は，たとえ目の前で話している人の話でも，周囲の人たちの声に紛れて聞き取れない場合や，興味のない話なのに隣の部屋の話に注意を奪われる場合もあるのです。

　さらには人の話し声だけではなく，周波数によって聞こえる音，聞こえない音，気になる音，気にならない音も一人ひとり微妙に違っています。聴覚過敏の人にとっては，それらが耐えられないほど大きな苦痛に感じ，日常生活や業務に支障が出てしまうこともあるのです。

　さてそれでは，事例の続きです。相互理解を図り，問題が解消されていったＪさんのその後を見ていきましょう。

📖 事例「その人の特性はその人に聞く」

　ある日，出社してきたＪさんに，Ｋさんが駆け寄ってきて，「私，できたら，またＪさんにはみんなと一緒に昼食を食べてもらいたいのだけれど，Ｊさんの考えをもう少し詳しく教えてくれないかな」と聞かれました。Ｊさんは離れて一人寂しく食べたいわけじゃないこと，できればみんなと一緒に食べたいこと，けれどそうすると，複数の人の話し声が混ざり合って聞こえてきて，凄く疲れることなどを話しました。その上で，「もし可能なら，イヤホンで音楽を聴きながらみんなと一緒に食べたいけど，そんなワガママ許されませんよね」と言いました。するとＫさんは，「そんなの全然ワガママじゃないよ。それに私はＪさんの教育担当だけど，Ｊさんが思っていることは，Ｊさんから教えてもらわないと何も分からないから」と笑って答えてくれました。

こうしてＪさんはその日から，イヤホンで音楽を聴きながら，みんなと一緒に昼食を食べるようになり，お昼休みも出勤も苦痛ではなくなったため，仕事を休むこともなくなりました。またＪさん以外の女子社員の中にも，「私，今日は疲れているから，イヤホンね」と言って，Ｊさんのように音楽を聴きながら，昼食を食べる人まで現れ始めました。

🗨 考察──あなたならどうする？

　あなたは職場環境への希望を管理職に伝えることができますか。また，もし部下から前例のない調整希望を伝えられたら，あなたはどんな対応をするか考えてみてください。

　指導やアドバイスは上から下へ降りてくるけど，下から上に要望が上がっていかない，あげられる雰囲気ではないという職場は，はたらく人の気持ちに寄り添うことができない，あるいは寄り添う気がない職場といえるのではないのでしょうか。そうした職場では，はたらく人のモチベーションは下がることがあっても，上がることは難しいと思いませんか。

3-1-3　指導やアドバイスのはらむリスク

　自分の考えや価値観を「普通」「当たり前」「常識」と思っていると，一人ひとりの違いあることが分からなくなります。そのような自分のものさしで捉えた結果，なされる指導やアドバイスは，個人的な価値観に基づいて行われる抑圧です。意識的な差別よりも，こうした無意識な偏見によってそれぞれの価値観がないがしろにされることの方が多くあります。組織では業務の一環として指導やアドバイスが必要とされている場合があります。しかし，それが一方的な価値観の押しつけになっていないか，常に気をつけておくことが大事です。

では，指導やアドバイスを部下から求められるなどして行う際，具体的にどのような心がけが必要になるのでしょうか。第1章でも述べたように，発達特性を持った人でも，一生，発達障がいを発現させないまま過ごす人が多くいます。その人たちが指導やアドバイスではなく，されたこと，されなかったことが何か考えてみましょう。

　子どもに対する養育者の接し方の例です。子どものすることに養育者がいちいち干渉せずに好きにさせることは，非常に大切です。そうすることで，子どもは自分で考え，選ぶことができます。そして上手くいけば養育者はそれを褒め，失敗すれば養育者はそれを容認します。

　褒められることで自己効力感が上がることは言うまでもありませんが，それより大切なのは失敗することを容認することで，失敗する権利を守ることです。全ての人は成長するための失敗する権利を持っています。失敗をすることで，自分のできることとできないことを見極めていけます。往々にして指導やアドバイスをする人は，完全無欠や完璧を求める傾向にあり，失敗することに寛容になれないのです。

　一人ひとりのできることとできないことを理解せず，できないことを無理にさせて，失敗すると叱責する。こんな大きなストレスを加えられて，発達障がいは発現するのです。果たして失敗したのは，失敗した人なのでしょうか。マルチタスクがさも良いことのように考え，失敗を繰り返してしている人にミスマッチな仕事をさせている組織や職場が失敗していると考えることはできないでしょうか。

3-1-4　職場のトラブルと発達特性

　前章の「医学モデルと社会モデル」でも述べましたが，本書ではトラブルを起こした個人が変わるのではなく，そのトラブルが起こ

る環境要因を取り除く，つまり環境調整をすることによって，職場で起こる発達特性にまつわるトラブルを大幅に減らすことを目的としています。組織のトップや職場の管理職が環境調整を心掛けることによって，ハッタツだけでなく，できることとできないことの差の小さい定型発達者にも，はたらきやすい環境になります。

🔑 キー概念「ハッタツ・トラブル」

　トラブルとは，ものごとの達成や進行の妨げとなることです。職場では日々さまざまなトラブルが発生するものですが，あなたが思っているよりも，誰かしらの発達特性がトラブルの中に関わっていることはしばしばあるものです。ここでは，そうした起こり得るハッタツ・トラブルに対して二つの例を交えつつ，組織のトップや職場の管理者が心掛けるべきことを考えてみましょう。

（1）コミュニケーションが上手くとれない場合の心掛け

　あなたは，誰にでも同じ単一的なコミュニケーションをとってはいませんか。程度の差はあれど，誰にでもある発達特性は，それぞれに得意な形のコミュニケーションという形で現れます。つまり相手に合わせたコミュニケーションの方法，例えば視覚優位な人には口頭だけではなく図やメモなど目に見えるものを用意する，聴覚優位な人には抽象的ではなく具体的な言葉使いを心掛けるなど，改善の余地がないか探ってみてください。

（2）ミスが繰り返される場合の心掛け

　ミスをする人が，どんな状況でミスを犯す頻度が高くなるのか把握することが大事です。例えば，ハッタツに限らず気持ちに余裕がないと誰しもミスが増える傾向にあります。特に複数

の仕事を同時に受け持つ人にミスが繰り返されるなら，仕事を
その人が一度に受け持つことができる量に分けて依頼する方法
があります。あるいは期限を区切るとミスが繰り返される場合
は，余裕のある期限で仕事を依頼する。さらに周りが気になっ
て集中できないようであれば，デスクにパーテーションを設置
するなどの改善の余地がないか探ってみてください。

3-1-5　自覚のない発達特性

　多くのハッタツは大なり小なり，生きづらさを感じています。し
かし中には，本人には全く生きづらさはなく，周囲の人に困難さを
与えているハッタツもいます。つまり自分の発達特性に全く気がつ
いていない場合で，特にワーキングメモリの弱さに起因している場
合が多いようです。

　さてそれでは，「発達特性を持っている自覚が全くない」Lさん
を部下に持ったM課長の事例を見ていきましょう。

📖 事例「本人に全く悪気がない」

　会議で部長が，「新しく役所に申請する書類を，誰かまとめてく
れないか。他社が申請したサンプルが二つあるから，それを参考に
サクっと作ってくれ」と言うと，Lさんは間髪入れず，「私やります。
行政書士の資格を持っているので，そういうのは得意ですから」と
自ら名乗り出たため，その業務をLさんの担当にすることをM課
長も了承しました。その業務は1週間程度で終える業務でしたが，
それから2週間経っても，何の報告も上がってこなかったためM
課長は，Lさんに問い合わせました。

　するとLさんからは，「えっ，あの申請書類，私が一人でするの
ですか」との答えが返ってきました。M課長は心の中で，「またか」
と思いました。というのも，Lさんはこれまで引き受けた業務を一

人でやり遂げたことがなかったからでした。しかし今回はLさんが多くの人の前で自ら名乗り出たので，まさかそんなことはないと思ったことを悔やみました。M課長は立場上，放っておくこともできないので，いつものようにLさんのフォローを始めました。

　Lさんは，「私は名乗り出ていない」から始まり，「私一人でできるわけない」，「書類の目的を聞いていないから作れない」などと言い出しました。M課長はLさんが行政書士の資格を持っているからと自ら名乗り出たこと，目的は会議で聞いているので新入社員も知っていることなどを，時間をかけてゆっくりと伝えました。Lさんが「分かりました」と言ったので，胸を撫で下ろしたM課長でしたが，その1週間後，またLさんは，「私は名乗り出ていない」「一人でできないから誰か手伝って欲しい」などと言い出しました。

- Lさんの発達特性＝好奇心旺盛で何にでも挑戦することができる。自分の言ったことを記憶することができない。
- M課長の発達特性＝優しく周囲の人を支えることができる。自分から周囲に助けを求めることができない。

💬 考察──あなたならどうする？

　職場で言った・言わないでトラブルを目の当たりしたとき，あなたはどうしますか。もしあなたの部下に言ってない，聞いてないと言う人がいたら，あなたはその部下にどんな対応をするか考えてみてください。

　Lさんはこれまでも，一過性的な付き合いでは大きなトラブルを起こしませんでしたが，親身になって付き合ってくれる人とはトラブルになりがちでした。そのためM課長は，Lさんの発達特性に気づいてはいますが，Lさん自身が，自分の発達特性には全く気づいていないのです。

🔑 キー概念「ワーキングメモリ」

　ワーキングメモリ（作動記憶）とは，脳に入れた情報を短時間記憶にとどめたり，それを使って処理する力のことです。第１章で触れた知能検査の項目として既に紹介しましたね。人が見聞きして得た情報を，一時的に保存しておくための脳の容量には限りがあります。新しい情報が保存しておく必要のあるものかどうか整理され，必要のない情報は削除されてしまいます。いわゆる忘れるということです。この機能には，見た記憶の方が残りやすい視覚優位な人，聞いた記憶の方が残りやすい聴覚優位な人という特性の差もあるようです。

　そして情報を保存するか削除するかの選別方法が適切に機能していない人もいるのです。ですから，ワーキングメモリの問題は職場のハッタツ・トラブルと密接に関わりがあることが多く見られます。例えば周囲の人はその人が言ったのを聞いているのに，「私はそんなこと言ってない」とか，周囲の人はみんな聞いていて，その人もその場にいたのに，「私はそんなこと聞いていない」と言い張る人はその可能性が高いといえます。

　その人は悪気があるわけでも，嘘を言っているわけでもなく，本当に自覚がないのです。これは自分の発達特性を全く理解していない人に多い，ハッタツ・トラブルの典型的な例の一つです。

　脳がどんな情報を残し，どんな情報を消し去るかは，本人の意思ではどうにもならない場合がほとんど，しかもそれに良し悪しをつけることもできません。なぜなら自分に都合の悪い情報を消し去ることによって，自分を守っていると考えることもできるからです。

　さてそれでは，Ｌさんのように改善する展望が見えないハッタツに，職場の管理職であるＭ課長やＮ係長がどのように対応したの

か，事例の続きを見ていきましょう。

📋 事例「管理職自身のメンタルを守る」

　Lさんの対応に苦慮していたM課長を見ていたN係長は，「以前もLさんの対応で，M課長が不眠になったことを思い出し，「もし良かったら，今回のLさんの対応，私が代わりましょうか」と言いました。M課長が，「悪いけど頼むね」と答えたので，N係長は早速その日から，「Lさんが自分から名乗り出たこと」，「一人でできないのなら，手伝うこと」などを，M課長がやったように，時間をかけてゆっくりと伝え，さらにその内容をLさん自身に書きとめてもらいました。N係長はM課長に，「大丈夫です。Lさんは分かってくれました」と伝えました。

　ところが，その翌日，会議で部長が申請書類の件をたずねると，Lさんは，「どうして私が一人でやらないといけないのですか」と答えたのです。部長は会議の場では笑っていましたが，あとでM課長とN係長からの報告を聞き，Lさんの対応にM課長とN係長が心身ともに疲れ果てていることを理解しました。

- M課長の発達特性＝優しく周囲の人を支えることができる。自分から周囲に助けを求めることができない。
- N係長の発達特性＝他人の困りごとに力を注ぐことができる。自分は二の次で自分を大切にできない。

🔍 考察——あなたならどうする？

　職場で困っている同僚がいたら，あなたはどうしますか。もしあなたができる範囲のことをしても，状況が変わらなかったら，あなたはどうしますか。そしてもしあなた自身が，メンタル疾患になりそうなほど困ったら，あなたはどうするか考えてみてください。

前章でも述べましたが，どこの職場にも，できることとできないことの差の大きいハッタツがいる可能性があり，あなたが一緒にはたらく人の発達特性に気づいても，本人の自己理解がどれくらい進んでいるかというのは，また別の問題です。大切なのは，一人ひとりの違いを理解したからといって，ハッタツに無理に自己理解させようとか，変えようとかはしないことです。ハッタツにできないことをさせるのではなく，できることをしてもらうことが基本です。

　ただし，そのときに大切なのが，あなた自身のメンタルを守ることです。対応に混迷をきたす場合には，ハッタツと距離をとる，あるいは上級職に相談するなどして，あなた自身がかかわり方を変えることも考えてみてください。

🔍 組織改革のためのヒント「イノベーションを妨げている要因」

　ニューロダイバーシティを理解するとき，弊害になっている言葉は「普通」「当たり前」「常識」です。これらの言葉が使われるとき，一人ひとりの価値観を暗に否定していることが多々あります。できないことがあることをさも悪いことのように，叱責された人は強いストレスを感じ，本来持っている能力を発揮できません。「普通」「当たり前」「常識」という社会や組織が求めていた過去のニーズからはイノベーションは生まれないのです。そして，もう一つイノベーションを妨げている要因があります。職場ではどうしても管理する側と管理される側になりがちです。メンタルヘルスは，管理される側だけの問題ではありません。管理する側，特に中間管理職は，自分のできることとできないことを見極めて一人や部署だけで問題を解決しようとしないことが大切ではないでしょうか。

3-2 ハッタツ・トラブルが起こらないために

考えてほしいこと

　あなたはハッタツを特別な人と思っていますか？　「思っている」
と「思っていない」のどちらかにチェックを入れ，そう思う理由を
記入してください。

　　□思っている　　□思っていない

	メンバーシップ型 雇用（日本）	ジョブ型 雇用（欧米）
概念	仕事に人をつける	人に仕事をつける
採用	**マルチタスク採用** （新卒一括採用が基本）	**スペシャリスト採用** （新卒一括採用はない）
職務	職務記述書なし	職務記述書に明記
異動	ジョブローテーション （組織の都合）	組織内公募 （本人の希望）
解雇	ミスマッチでも 解雇はない	低成果の場合は 解雇

図 3-2　2 種類の雇用形態

3-2-1　マルチタスクを求めない

　前項で見てきたように職場のハッタツ・トラブルが起こる理由は，ハッタツ（発達特性を持った人）が自分のできることとできないことを周囲にはっきりと伝えていなかった場合，もしくはそれを伝えていても，組織や職場がニューロダイバーシティの概念を持っておらず，それぞれの発達特性を活かせる職場づくりができていないことです。

　そのためか，これまでハッタツができないことを，どうやったらできるようになるかといったライフハック本が次々と出版されています。またいきいきムーンでもハッタツからは「どんな工夫をすればできるようになるの」とか，雇用者からは「どんな工夫をさせれば良いのか」と質問を受けることが多い気がします。しかし考えてみてください。どんな工夫も，その工夫で成功した人のものであって，全ての人がその工夫でできないことができるようになるわけで

はありません。ましてや他の人の成功例で一時的に上手くいっても，それが本人の生きた経験でなければ，その場を凌げても，同じ発達特性がまた別の困難に直面することが多いのです。

　しかもこれも前項の繰り返しですが，成功例を教えるということは，問題を解く考え方を教えずに答えだけを教えるということに似ています。答えだけを教えることは，「失敗から学んで成長する権利」を奪っているのに等しいです。

　ビジネスシーンでも成功例を重視する傾向がありますが，役に立つのは成功例よりも失敗例です。なぜなら成功の要因はその工夫だけでなく，表面化しない複数の要因が複雑に絡み合っており，本当は何が成功に寄与していたのか，明白ではないからです。反対に，失敗の要因は，成功に比べると明白な場合が圧倒的に多いのです。

　ですから，私は雇用形態においても，できなかったことをできるようになることよりも，できることに着目することが大事だと考えています。日本の組織では規模の大小を問わず，マルチタスクを求められる傾向にあります。そしてそんな組織の職場では人のできないところに着目されやすく，それがストレスを生み，発達障がいの発現やメンタル疾患の発症を引き起こしています。

　さてそれでは，日本でよく見かけるマルチタスクを要求されたPさんの事例を見ていきましょう。

📖 事例「ジョブローテーションが原因で退職」

　Pさんは幼い頃から記憶力は抜群でアイデアも豊富でしたが，何故か簡単な計算ミスが絶えませんでした。Pさんは接客の仕事を希望し，大学を卒業した後，就職先に地元の中堅スーパーを選びました。Pさんが配属された店舗で最初に担当したのはレジ業務で，その当時は暗算でお釣りを計算することも多かったので，釣銭ミスをすることがしばしばありました。しかしその度，お客様に素直に謝っ

ていたので，大きなトラブルになることはありませんでした。

　２年目に同じ店舗の営業事務に変更となり，Ｑ店長の指示に従って販売促進をサポートすることになりました。さまざまな事務作業もあり，本部に提出した書類の計算ミスのせいで，本部から注意を受けることがしばしばありました。その反面，手書きのPOPの作成や店舗内のレイアウト変更などでは，Ｑ店長がＰさんのアイデアを採用してくれることも多く，忙しい中にもやりがいを見出していました。

　ところが３年目，Ｐさんは労務事務に配属されることになり状況が一変しました。月の前半は店舗の従業員全員の月末までの残業時間や有給休暇など勤怠の確定作業に追われ，月の後半は新規従業員の入社関連書類の回収・確認や，途中退職従業員の退職届や失業保険の処理などに追われ，風邪をひいても休むことができないほどの忙しさでした。Ｐさんは以前の担当者が１時間で終える労務事務でも，計算ミスを防ぐため３時間もかけていましたが，それでも営業事務のとき以上に本部から計算ミスを指摘されるようになりました。

　Ｐさんは自分のミスが労務事務作業と電話応対が重なったときに発生しやすいことが分かっていましたので，思い切ってＱ店長に，事務作業中は電話応対しなくてもよいようにできないか，あるいは職務変更してもらえないかと打診しました。しかしＱ店長は，「Ｐさんに成長してもらうための，ジョブローテーションだ。電話に出たからミスをしたのではなく，嫌々やっているからミスをするのだよ。正社員なのだから，わがままを言わないで」と一喝されてしまいました。

　そんな折，Ｐさんはパート応募者の二人に採用通知と不採用通知を逆に送ってしまうという大きなミスをしてしまいました。Ｑ店長は二人へのお詫び訪問，そして個人情報に関する漏洩の本部への顛

末書など，事後処理に何十時間も費やさねばならなくなりました。Ｑ店長は，「職務変更してほしくてワザと間違えたのだろう」とＰさんを叱責しました。Ｐさんはその言葉にショックを受け，この中堅スーパーを退職することにしました。

- Ｐさんの発達特性＝新しいアイデアを生み出すことができる。簡単な計算を正確にすることができない。
- Ｑ店長の発達特性＝責任感が強く筋を通すことができる。臨機応変に融通をきかすことができない。

🔍 考察──あなたならどうする？

　あなたは自分の意に沿わない職務や苦手な職務にジョブローテーションされた場合，どうしますか。もし同じようなミスを繰り返す同僚が身近にいたら，あなたはその同僚にどのように対応しますか。そして，もしあなたが店長ならＰさんにどのような言葉をかけるか，考えてみてください。

　ジョブローテーション（定期的に職場異動や職務変更させる制度）は，担当者しか業務内容を理解していない属人化を防ぐことや，はたらく人の成長を促すことなど，長期的な視点の下，日本の多くの組織で行われており，規模が大きい組織ほどその傾向が強いようです。確かにそうしたメリットのある反面，専門性の高いスペシャリストを育成できないというデメリットがあります。

　図 3-2 にもあるように，メンバーシップ型雇用の多い日本では，職務異動は組織がジョブローテーションで行うのに対して，ジョブ型雇用の多い欧米では，組織が必要とする職務の条件を公開し，希望者の中から適任と判断された人を選びます。つまり自分の意に沿わない職務や苦手な職務に配属されることがないのです。メンバーシップ型雇用とジョブ型雇用，どちらの方がはたらく人のモチベー

ションを維持し，どちらの方が専門性の高いスペシャリストを育成できるか考えてみてください。

3-2-2　ダイバーシティと好相性のジョブ型雇用

　採用についても日本は残念ながらニューロダイバーシティが進んでいないため，色んなことを平均的にこなすマルチタスクを重視するメンバーシップ型雇用が主流です。そのため仕事と人のミスマッチが生じやすくなっています。欧米はスペシャリスト採用のジョブ型雇用が主流ですので，その人のできることに着目して採用します。

　この日本のメンバーシップ型雇用と欧米のジョブ型雇用を比較すると，そもそも仕事に人をつけるか，人に仕事をつけるかという基本的な概念が全く逆なのです。その上，まるでマルチタスクをできることが，さも人の成長であるかのように，組織にとって都合の良いジョブローテーションが上からの指示で行われています。その点も欧米では全く違い，ジョブ・ディスクリプション（職務記述書）に明記されている仕事しかしない，つまり一人ひとりがその仕事のスペシャリストとして雇用されています。例えば日本では新しい部署やプロジェクトが立ち上がると，これも上からの指示でその仕事に人がつけられますが，欧米ではその仕事をしたい人が名乗りをあげる公募方式が主流です。

　もちろんどちらの雇用形態にもメリットとデメリットがありますが，ニューロダイバーシティの視点から言えば，優れているのは明らかにジョブ型雇用の方です。はたらく人それぞれの能力が発揮されるジョブ型雇用の組織が，多様性の重視される今後の社会でより伸びていくに違いありません。

　さてそれでは，人に仕事をつけるか，仕事に人をつけるかについて考えながら，Ｐさんの事例を見ていきましょう。

📖 事例「得意な人に得意なことを」

　Pさんは地元の中堅スーパーを退職後，キャリアコンサルタントのカウンセリングを受けました。そして前職で楽しかったことややりがいがあったことをふりかえり，再び別のスーパーで職務変更のないパートタイム契約ではたらくことにしました。そのスーパーは釣銭を暗算する必要のない新型のレジを導入していて，Pさんはもう釣銭ミスをすることはありませんでした。

　そうしてPさんがレジ係として2年ほどはたらいていると，R店長から，「正社員にならないか」と誘われました。Pさんは前職のスーパーで正社員としてはたらいていたときのことを打ち明けました。するとR店長は，「私もマルチタスクは大の苦手でね。店長になるまでは，いっぱいミスしてきたよ。しかし店長になったいまは，苦手なことやミスしそうなことは，得意な人に任せているよ。Pさんは，正社員になったら，どういう風にはたらきたい？」と希望を聞いてくれました。

　結局，PさんはR店長の得意な人に得意なことをどんどんしてもらうという方針を聞き，正社員の誘いを受けることにしました。お昼と夕方のレジの繁忙時間はレジ担当のリーダーとして，それ以外の時間は手書きのPOPの作成や店舗内のレイアウトの変更などの販売促進サポーターとして，勤務するスタイルです。元々接客好きだったPさんの作成する手書きのPOPやレイアウトはお客様目線に立っていて，経費をかけることなく着実に売上を伸ばしていきました。

- Pさんの発達特性＝新しいアイデアを生み出すことができる。簡単な計算を正確にすることができない。
- R店長の発達特性＝臨機応変に融通をきかすことができる。型にはまった仕事を続けることができない。

🔍 考察──あなたならどうする？

　あなたは業務内容への要望を上司に伝えることができますか。またあなたが部下から前例のない要望を伝えられたらどうしますか。さらにあなたは物事を考えるときに，組織のルールの枠の内で考えるか，ルール自体を変更することも考えるか，ふりかえってみてください。

　海外の先駆的な組織では，できることとできないことの差の大きいハッタツ（発達特性を持った人）を，特定領域（できること）で秀でたスキルを備えている人と捉えており，彼らの秀でたスキルだけでなく，仕事に没頭する姿勢や組織に対する忠誠心の高さなど，さまざまな恩恵を受けています。

　ここで大切なのが，これまでも述べてきた職場が安心で安全な場であることです。この事例の場合，ＰさんにとってはこだってはＲ店長の存在がそれにあたります。一方，Ｒ店長は店舗ではピラミッドの頂点かもしれませんが，組織全体から見ると中間管理職かもしれません。けれども，組織がＲ店長に大きな権限を与えていることが伺えますので，Ｒ店長にとっても安心で安全な職場と言えるのではないでしょうか。

🔑 キー概念「KY と忖度，そして擬態とエコラリア」

　2007 年の新語・流行語大賞には，「KY（空気が読めない）」がノミネートされ，その 10 年後の 2017 年の新語・流行語大賞では，「忖度」が大賞を受賞しました。

　空気を読むこと，忖度することというのは，どちらも日本社会の特有なルールであるように思います。上司と部下との関係において下記のような人が，あなたの周りにもいませんか。

・上司に，「やる気ないなら帰れ」と叱責されて，「ありがとう

ございます。疲れているので帰らせていただきます」と答え
て本当に帰ろうとする人。

・上司に，すぐ来るようにと言われ，5分後に行ったら叱責さ
　れて，「だったら何時何分に来いとハッキリ言ってください」
　と言い返す人。

・上司に，「何でそんなことしたんだ」と叱責されて，「あなた
　が好きにしろと言ったからです」と答える人。

　前半でKYと忖度について述べましたが，次に並行して考え
てほしい概念として，擬態とエコラリアについて説明します。
擬態とは外見を似せること，そしてエコラリアとは相手の言っ
た言葉などをくりかえすことです。
　私たちはありのままの自分で生まれ，一度切りの人生，誰の
枠にもはめられることなく，いきいきと生きることができれば
幸せなはずです。ただし，人と関わって生きていく以上，トラ
ブルを最小限にするために，ルールを設けるようになりました。
そのルールがいつしか最小限の枠を超え，マジョリティや日本
特有のルールに合わせるためのものになり，それらのルールを
受け入れて順応するための擬態をくりかえしているうちに，そ
れが成長だと勘違いしていないでしょうか。

　空気を読んだり，忖度したりといった，マジョリティや日本社会
に特有のルールが理解できない人は，同調圧力を上手に受け流せな
い人か，そもそも同調圧力を全く感じていない人と言えないでしょ
うか。またその逆に，ありのままの自分を押し殺し，条件反射的に
ルールに適応している人は，人間らしさを失っているように思えな
いでしょうか。
　あなたは，職場にハッタツ・トラブルがあることを問題だと捉え

て，マジョリティや日本社会に特有のルールに合わせる解決策を模索していませんか。ニューロダイバーシティの観点から見直せば，トラブルは職場がステップアップするための問題提起だと捉えられます。誰もがはたらきやすい組織にするための改革のヒントにしてみてはいかがでしょうか。

◎ 組織改革のためのヒント「ハッタツ・トラブルは問題提起」

　組織の中で「普通」「当たり前」「常識」の通じないハッタツが，トラブルを起こさないようにするためには，大きく二つの方法があります。

　一つ目は日本独自のメンバーシップ型雇用を，世界基準のジョブ型雇用に変え，できない人にマルチタスクを求めないことです。つまり得意な人に得意なことをしてもらうというルールに組織が変わることです。はたらく人を変えようとするのではなく，組織自体が変わろうとすることで，組織全体が安心で安全な場になるのではないでしょうか。

　二つ目が一人ひとりの違いを知るための対話です。対話とは，ハッタツと定型発達者，上司と部下など立場の異なる人同士が相互理解を深めるための手段です。これにより，ハッタツ・トラブルが解消されるだけではなく，組織ではたらく人たちのメンタル疾患の発症や，モチベーションの低下を防ぐこともできます。詳しくは次章でお話ししていきます。

第 **4** 章

職場に対話を導入する

4-1　オープンダイアローグとは

考えてほしいこと

　あなたは結果や事象の予測がつかないこと（不確実性）を楽しめ
ますか？　「楽しめる」と「楽しめない」のどちらかにチェックを
入れ，そう思う理由を記入してください。

　□楽しめる　　□楽しめない

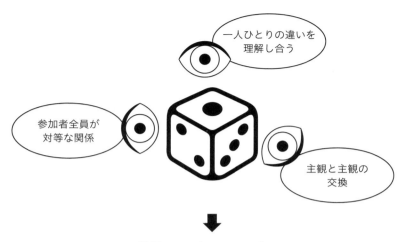

図 4-1　オープンダイアローグの利点

4-1-1　自助会という生の声が聞ける場所

　前章の最後に述べたように，組織や職場におけるハッタツ・トラブルが起きないようにするためには，対話による相互理解が有効な手段です。この章では，オープンダイアローグ（OD）という対話実践の手法を職場に導入することを提案していきたいと思います。

　まず OD の話に入る前に，自助会というものについて少しだけ紹介したいと思います。自助会とは，同じ問題を抱える人やその人を大切に思う家族らが自主的に集まり，似たような立場や経験を持つ多くの仲間とセルフヘルプ（互助）し合える場所です。参加者同士で体験談を共有し，分かち合うことで，癒しや問題解消へのヒントなどを得られます。起源は，1930 年代に米国で始まった，アルコーホーリクス・アノニマス（AA）というアルコール依存症に悩む人々の集いにあります。

ハッタツ（発達特性を持った人）は，家庭や職場で発達特性を理解してもらえなかった，医療機関でなされた診断にしっくりこなかった，支援機関に相談したら指導やアドバイスを押しつけられてしまったなどの理由により，自助会を訪れます。そんな人たちが自助会で自分の悩みや苦しみを吐き出し，自分以外の人に理解してもらえたとき，新しい一歩を踏み出す勇気がもらえるのです。また，自助会は行政・医療・支援機関などの情報をもらえる場でもあります。生きづらさを克服した先輩のハッタツが，その後も自助会に関わっているケースもあり，そうしたロールモデルに出会える場にもなっています。

　私はハッタツについて知りたいという組織のトップや職場の管理職，人事担当者などには，発達特性などに関する参考書を読むとか専門家のセミナーに行くよりも，自助会に行くことをすすめています。なぜならそうした人たちが知らなくてはならないのは，座学の知識よりも，上下関係のある面接や職場では聞けないハッタツの生の声だからです。

> ## 🔑 キー概念「自助会の二つの形式」
>
> 　自助会には，対話を中心に生きづらさと癒しにフォーカスするオープンダイアローグ形式のものと，実行できそうなことの可能性にフォーカスするワークショップ形式のものがあります。オープンダイアローグ形式の自助会は，悩みや苦しみを吐き出す場，同じ悩みを共有できる場，困り事を相談する場となり，ワークショップ形式の自助会は，自分について深く知る場，同じ苦手の原因を分析し合える場，成長のヒントが得られる場という性質が強くなります。
>
> 　二つの形式の自助会は，どちらが優れているわけではなく，どちらも必要な社会資源だと考えています。

4-1-2　オープンダイアローグ──対話の効果

　ここからは，オープンダイアローグについて紹介していきます。オープンダイアローグは元々，1980年代にフィンランドの病院で始められた統合失調症のケアの技法だそうです。それまで薬物療法を使うことが前提だった統合失調症という病気に対して，患者，患者の家族，そして医師や看護師やセラピストなどが，対等な立場での対話を通して症状の回復を目指した，非常にシンプルな手法であり，そのようなシステムのことでもあります。キュア（治療）ではなく，ケア（癒し）なのですが，ただ対話をするだけで，結果的に統合失調症が治ってしまうことで精神医学の領域では非常にインパクトのあるものだったようです。

　いきいきムーンでは，このオープンダイアローグの手法を取り入れた自助会を，ハッタツの当事者だけでなく，養育者・支援者・雇用者を交えて開催してきました。

　何故，家族や職場の人だけでなく，医師やカウンセラーなどの支援者に相談しても軽減できなかった生きづらさが自助会のオープンダイアローグで軽減されるのでしょうか。その理由として，1対1のカウンセリングのような場では，相談する側，相談される側という構図がバイアス（先入観）となり，完全に取り払うことができないこと，複数の参加者全員が対等な関係で主観と主観を交換することで，多角的な視点を得られることがあげられます。自分と同じ，あるいは自分と似通った悩みや苦しみを聞くことで，自分の悩みや苦しみを吐き出しやすくなり，しかも多角的な視点を得ることで，問題を外在化して捉えることができ，自分がこれから主体的にどうするか，さまざまな選択肢が広がるのです。

　オープンダイアローグは，アドバイスや結論づけとは違い，お互いの価値観の違いを理解し合う対話の場ですので，価値観を変えること，問題を解決することを目的とはしていません。参加者全員が

対等な関係の安心で安全な場で，この人がなぜそう思っているのか
もっと知りたいという好意的関心を持ち，対話を続けること自体が
目的です。結果的に，価値観が変わり問題が解消に導かれることも
ありますが，あくまでそれは副産物と捉えられます。いまはブー
カ（VUCA）の時代ともいわれ，組織を取り巻く状況はボラタイル
（Volatile ／変動的）で，アンサーテイン（Uncertain ／不確実）で，
コンプレックス（Complex ／複雑）で，アンビギュアス（Ambiguous
／曖昧）になってきており，既存の知識や経験だけでは解決でき
ない課題が山積みになっています。オープンダイアローグはこの
VUCA に耐えつつ，ゴールではなくプロセス（過程）を大切にし
ているといえます。

　ここまでのオープンダイアローグの紹介を読んで，前章の最後に
述べた，「対話でハッタツと定型発達者，上司と部下が相互理解を
深めることで，ハッタツ・トラブルが解消される」ということがイ
メージできたでしょうか。自助会に参加したことのある人なら，比
較的イメージしやすいかもしれませんが，ニューロダイバーシティ
やオープンダイアローグといった概念にこれまで馴染みのなかった
人には，少し難しいかもしれません。簡単に言うと，「問題を解決
する」のではなく，「問題を解消する」ことなのです。これらの概
念を持つことでハッタツ・トラブルが解消されるだけではなく，さ
らにポジティブな要因が詰まっていることを，次から紹介していき
ます。

🔑 キー概念「オープンダイアローグはアイデアの宝庫」

　オープンダイアローグの考え方のベースは，他人を変えよう
としないことです。これは理想的なマネジメントが部下を自分
の思い通りにしようしないことと共通しています。

　そしてオープンダイアローグの目的は，対話を継続するこ

とです。これはプラン（Plan ／計画）・ドゥ（Do ／実行）・チェック（Check ／評価）・アクション（Action ／改善）を継続する PDCA サイクルと共通しています。誤解を招くことがあるのですが，PDCA ではなく PDCA サイクルは，PDCA-PDCA-PDCA……と，継続し続けることです。

　これらを踏まえると，オープンダイアローグは，参加する人たちの多様な価値観や多角的な視点を得ることができる場と言えます。そう考えるとオープンダイアローグを実践するということは，ビジネスシーンや組織のマネジメントと相性が良さそうです。

　対話を実践するには，組織のトップや職場の管理職と部下との関係性を対等にする場を設けることが必要です。これにより，はたらく人にとって，一人ひとりの価値観が否定されない安心で安全な職場を実現することができます。さらには，マネジメントする側の想像していなかった成果につながることがあります。これまで管理することに慣れ親しんだ組織のトップや職場の管理職，またマジョリティの価値観に合わせるかのように，PDCA サイクルを回していた人とっては，イノベーションは起こしにくい環境にありました。しかしオープンダイアローグを導入することによって，その枠組みが外され選択肢の幅が大きく広がっていくのです。

　さてそれでは，父親から会社を引き継いだものの，部下を信用できない 2 代目 S 社長の事例を見ていきましょう。

🖼 事例「上から目線の『はたらかせてやっている』」

　父親から中堅工具商社を引き継いだ S 社長は，「雇ってやっている従業員には，最低でも自分の給料分の利益を出す程度には，稼いでもらわないと困る」という考えの持ち主でした。そのため S 社

長は常に営業部員の売上成績をチェックし，ノルマを達成していない者にはノルマを達成している人の営業手法を真似るようアドバイスを行っていました。一方，S社長は事務員にも同じように細かなチェックをして，S社長が効率的と思える方法で仕事をするようにアドバイスを行っていました。

しかしS社長がどんなにアドバイスを尽くしても，営業部員のTさんは毎回，「社長の言われた通りにしましたが，上手くいかなかった」という報告をするばかりで，売上を伸ばすどころか，ますます売上を落としていきました。一方，事務員たちはS社長に言われた通りのことは行っていましたが，自ら業務改善の提案をしてくる人が誰もいませんでした。このような状態でS社長は社員を信頼することができず，常に眉間に皺を寄せ，営業部員がさぼっていないか，従業員がミスをしないかを見張っているかのような態度で，社内を見渡していました。その結果，S社長が会社を引き継いでから5年で売上と従業員数は両方ともほぼ半分になってしまいました。

- S社長の発達特性＝真面目で細かいことに気がつくことができる。部下を信用して任せることができない。
- Tさんの発達特性＝意に沿わなくても指示に従うことができる。自分の思いや感情を口に出すことができない。

💭 考察——あなたならどうする？

あなたがS社長の下ではたらいていたら，どんな気持ちになるでしょうか。あなたの同僚が職場の管理職から毎日細かい指示を受けていたら，あなたはその同僚にどのように接しますか。またあなたが職場の管理職なら，言われた通りのことしかしない部下に，どのような対応をするかを考えてみてください。

誰しもできないことにばかり着目され管理されていたら，モチベーションは下がります。組織のトップが，「雇ってやっている」という言葉を口にしなくても，その組織ではたらく人たちには，組織のトップの態度からそれが伝わります。逆に組織のトップが，常にはたらく人たちに，「ありがとう」と声掛けをしていたらどうでしょう。そのようなささいな変化もまた，組織のなかでは伝わるものではないでしょうか。

🔑 キー概念「人は感情の生き物」

　人が誰しも命令されると抵抗感を感じることを「心理的リアクタンス」と言ったり，禁止されるほどやってみたくなることを「カリギュラ効果」と言ったりします。このような言葉は多くあり，感情の生き物である「人間」は，指導やアドバイスを受けたとき，表面上は従いますが，結果的には逆効果になることが多いことが推察できるのではないでしょうか。

　これまで日本が推進してきた主に女性の活躍を推進するジェンダーダイバーシティ，そして主に高齢者の活躍を推進するエイジダイバーシティというものがあります。ニューロダイバーシティ（脳の多様性）は，それらと比較しても，特に目に見えない理解しづらいものです。ものごとを論理的に考えて，計画を立てて，効率的に実行してきた人にとって，目に見えない不確実なものを理解するというのは，大きなストレスになるかもしれません。

　そこで，アドバイスや結論づけをするのではなく，一人ひとりの違いを理解するために必要なのが対等な立場で対話をすること，つまり，オープンダイアローグです。オープンダイアローグは人の価値観を変えたり，刷り合わせることを目的とはしません。目的は掲げず，あえて言えば対話することそのものが目的なのです。自分と

は異なる多様な人たちの価値観を理解し，不確実性を楽しむことが大切なのではないでしょうか。

🔍 組織改革のためのヒント「対話は相互理解ツール」

　誰しも持っている発達特性を理解するということは，一人ひとりのいまのありのままを肯定し，価値観を変えようとしないことです。全ての人がそれぞれの価値観を持っていることを理解することで，周囲の人もあなたの価値観を理解するのです。この相互理解のための手段がオープンダイアローグで，これまであなたに何が見えていて，何が見えていなかったのかを明らかにすることができます。さらに多様な価値観があることを認め合い，尊重し合うことで，組織や職場が安心で安全な場になり，心に余裕ができます。心に余裕ができれば，VUCA を楽しむスキル，変えようとしないことで価値観が変わることもあり，組織を改革する土壌が養われるのではないでしょうか。

4-2　職場におけるオープンダイアローグの実践

考えてほしいこと

　あなたは組織のトップや職場の管理職を役職名でなく，「さん」付けで呼びたいですか？　「呼びたい」と「呼びたくない」のどちらかにチェックを入れ，そう思う理由を記入してください。

　□呼びたい　　　□呼びたくない

図 4-2　オープンダイアローグの職場実践のルール

4-2-1　相互理解は対等な関係から

　本書では，はたらく人と組織，双方のための改革を謳ってきたものの，実際には何も大げさなことは必要ありません。どんな組織でも，普段から，複数人が集まって話し合う機会というものがありますよね。そうした既存のミーティングの機会をオープンダイアローグ実践の場にすればよいのです。これから紹介するルールに則ってミーティングを進めるだけで，はたらく人たちの心に変化が起こるはずです。

　本項では，職場のミーティングに取り入れやすいようにアレンジしたオープンダイアローグのルールについて紹介していきます。

　また，後半ではオープンダイアローグをある程度本格的に導入する実践例もいくつか紹介します。これらを参考にして，職場での対話の機会をどんどん増やしてください。

　さて本来のオープンダイアローグには七つの原則がありますが，職場でこの七つの原則を実践するにはハードルが高いかもしれません。これらは，後述のキー概念でも紹介しますが，ここではまずいきいきムーンが 2019 年の発足時から自助会で，安心で安全でフラットな場を築くために用いているルールを紹介します。

（1）ここで得た個人情報は外に持ち出さない。

（2）どれくらい自己開示するかは各自が決める。

（3）指名されても答えたくないときは答えなくてよい。

（4）発言，フィードバックするときは必ず手を上げて，ファシリテーターに指名されてから言う。

（5）誰か一人が場を独占しないために，発言時間は一人 1 回当たり 2 分以内とする。

（6）他人の発言に一方的な判断や決めつけをしない。

（7）自分のことも決めつけない。

　上記のいきいきムーンで用いているルールを職場に適用する三つにアレンジしたものが，図 4-2 に示した「オープンダイアローグの職場実践のルール」です。では，それぞれの内容を紹介します。

（1）安心で安全な場とするために……

　オープンダイアローグ中の参加者の発言内容は，たとえ組織のトップや職場の管理職に問われても教えない。そしてどれくらい自分の価値観を開示するかについては，全て本人に委ねる。

（2）対等な関係の場とするために……

　上下関係を取り除き，対等な関係で行うため役職名で呼び合うことを禁止する。できればハンドルネーム（あだ名）で呼び合うのが理想だが，ハードルが高い場合は「さん」づけで呼び合う。

（3）価値観の押しつけのない場とするために……

　結論づけをする議論でなく，一人ひとりの違いを知るための対話なので，誰かの価値観を否定しない。また同様に，誰かの価値観に無理に同調（ハーモニー）する必要もない。主観と主観を交換しながら白黒つけず，不確実性を楽しむ。

　　ここにオープンダイアローグ・ネットワーク・ジャパンのオープンダイアローグ対話実践のガイドラインから引用した七つの原則を掲載します。

（1）即時対応：必要に応じてただちに対応する。

（2）社会的ネットワークの視点を持つ：クライアント，家族，つながりのある人々を皆，治療ミーティングに招く。

（3）柔軟性と機動性：その時々のニーズに合わせて，どこででも，何にでも，柔軟に対応する。

（4）責任を持つこと：治療チームは必要な支援全体に責任を持って関わる。

（5）心理的連続性：クライアントをよく知っている同じ治療チームが，最初からずっと続けて対応する。

（6）不確実性に耐える：答えのない不確かな状況に耐える。

（7）対話主義：対話を続けることを目的とし，多様な声に耳を傾け続ける。

　オープンダイアローグには，上記のように七つの原則がありますが，これはあくまで医師や看護師やセラピストなどが実践するためのものです。ですから，職場にオープンダイアローグを導入する場合は，必ずしもこの七つの原則を守らなくても良いでしょう。最低限に絞ったこの三つのルールでオープンダイアローグを実践してみてください。

　オープンダイアローグは，その場その場，あるいはファシリテーターのスキルに応じて，ある程度臨機応変に実践することができると考えています。

🔑 キー概念「セルフ・キャリアドック」

欧米の映画やドラマを観ていると，組織のトップが定期的にカウンリングを受けているシーンがあります。日本ではカウンセリングを受けることが欧米ほど浸透しておらず，一人で問題を解決できなかったり心が弱いようなイメージが持たれますが，欧米では，常に大きな重圧を受けている組織のトップが問題を抱え込まないようにするために，カウンセリングを受けることが浸透しています。

また，心の健康を保つことは組織のトップだけではなく，職場の管理職やはたらく一人ひとりにも必要です。身体に健康診断や人間ドックがあるように，企業における心の健康診断ともいえる雇用制度改革・人材力強化のための政府の施策が，「セルフ・キャリアドック」です。ここでは，下記のように二つの導入目的があることを紹介しておきます。

（1）従業員にとっての，自らのキャリア意識を持つことや仕事に対するモチベーションの向上を目指す。
（2）企業にとって，人材の定着やはたらく意欲の活性化を通じた組織の活性化を目指す。

障がい者雇用促進法で障がい者の法定雇用率を課し，法定雇用率を上回れば調整金・助成金が交付されているのと同様，このセルフ・キャリアドックにも当初は助成金が交付されていました。いまはその助成金は廃止されていますが，その代わりに人材開発支援助成金が交付されています。障がい者雇用もセルフ・キャリアドックも，イノベーションを起こせる組織に改造するための施策と考えれば，助成金交付の有無に関係なく，積極的に取り組むべきものでしょう。

さてそれでは，部下をコントロールしようとしていたワンマンＳ社長が，部下に感謝するようになるまでの事例を見ていきましょう。

📖 事例「組織のトップが部下に感謝する」

　売上も従業員数も半分になってしまい，Ｓ社長は藁にもすがる気持ちで，インターネットで目にした従業員の主体的なキャリア形成を目的とした「セルフ・キャリアドック」の制度を活用することにしました。その前段階として，まずＳ社長自身がキャリアコンサルティングを受けたのですが，キャリアコンサルタントに，「Ｓ社長はどうしてそんなに従業員を管理し，アドバイスし，叱責するのですか」と問い掛けられて返答に詰まってしまいました。Ｓ社長は自分の思い通りの成果を出させることが自分の役割だと思い込んでいたので，自分がどうしてそう思い込んでいるかの理由など考えたことがなかったのです。

　そして三度のキャリアコンサルティングを受けたＳ社長は，自分自身が売上も従業員数も増やし続けた先代の父親と比べられていて，自分が父親に劣らない後継者であることを，社会や従業員に認めてもらいたいという思いから，自分の考える成果にばかり固執していたことに気づきました。Ｓ社長は従業員を変えるのではなく，自分自身が変わらなければならないことを悟り，「父は父，自分は自分」と思うことで，少し気持ちが楽になりました。

　さらにＳ社長は自分の考えを改め，「私の下ではたらいてくれている人，一人ひとりに感謝する」という方針を持つことにしました。終業時には一人でも多くの従業員に「お疲れ様でした。今日も一日ありがとう」と自分から声を掛けるようにしました。それとともにキャリアコンサルタントから学んだ，オープンダイアローグ方式のミーティングを取り入れることにし，それまでミーティングに参加したことのなかったパートタイムの事務員などの非正規社員にも参

加してもらうことにしました。

　最初の数カ月，ミーティングに出席しても沈黙していた営業部員のＴさんでしたが，突然，「ネット販売で売上を伸ばしたい」という提案をしました。それを聞いたＳ社長は，ネット販売の数々のデメリットが頭に浮かびましたが，自分の価値観を押しつけてしまっては，これまでと何も変わらないのではと思い，Ｔさんを担当課長に昇格させて，事実上ネット販売の全権を委ねることにしました。

　Ｔさんのネット販売は，すぐには採算ベースには乗りませんでしたが，Ｓ社長の考え方が変わったことが全社員に浸透していったことで，中途退職者はほとんど出なくなった上，5年後には売上も従業員数も全盛の頃に戻りました。

🗨 考察──あなたならどうする？

　あなたが組織のトップや職場の上司に毎日，「今日も一日ありがとう」と言われたら，どんな気持ちになりますか。またあなたが組織のトップだったら，部下を信用し任せることができますか。それとも自分の価値観を基に，チェックや管理を続けるか考えてみてください。

　さて，それではここで私がこれまで行ってきた，職場でのオープンダイアローグの実践方法を三つ紹介していきます。

職場でのオープンダイアローグの実践方法①

　一つ目は，複数の部署の管理を任されている人向けの実践方法です。

　　（1）複数の部署から参加者を集め，できるだけ年齢にばらつ
　　　　きを持たせ，4〜5名のグループを作る。

（2）それぞれのグループでまず一人目が５分を目途に，自分の課題やできないことなどについて自己開示する。

（3）グループの残りの３〜４名は，１２分を目途に，一人目が自己開示したことに対して否定，指導，アドバイス，結論づけなどはしないフィードバック（問いかけや主観の発言）をする。

（4）グループからのフィードバックを受けた一人目が３分を目途に，今後自分が具体的にどのように行動したいと思ったかについて発表する。

（5）上記（2）〜（4）を２人目，３人目と繰り返す。グループが４人の場合は合計８０分，５人の場合は合計１００分の時間を要する。

　この程度の時間であれば月に１回開催することは，多くの職場で可能ではないでしょうか。中には勉強会という形で通常の勤務時間終了後に実践しているところもあります。この実践例で大切なのは（4）で本人が発表した内容が，今まで通りである場合や主体的に実際には何も行動しない場合であっても，本人の自己決定を尊重することです。

職場でのオープンダイアローグの実践方法②
　二つ目は，一つの部署だけの管理を任されている人向けの実践方法です。

（1）職場の人たちをＡグループとＢグループの二つに分ける。

（2）まずＡグループの人たちが一人ずつ順番に自分の課題やできないことなどを自己開示する。

（3）Ａグループ全員の自己開示が終わったところで，Ａグルー

プの人たち同士で否定，指導，アドバイス，結論づけなど
はしないフィードバック（問いかけや主観の発言）をし合
う。この間，Bグループの人たちには，Aグループとの間
に見えない壁があるかのように，ただ黙って聞いてもらう。
ここまでの時間は30分を目途とする。

（4）今度はAグループの人たちが黙って聞いている中，まる
で噂話をするかのように，Aグループの対話を聞いて，B
グループの人たちが自分だったらどうするかなど思ったこ
とについて，20分を目途に対話する。

（5）再びBグループの人たちが黙って聞いている中，Aグルー
プの人たちがBグループの噂話を聞いて思ったことなど，
15分を目途に対話する。

（6）最後に全員が1〜2分を目途にこの日の対話の実践につ
いて，思ったことを発表する。

（7）同じことをAグループとBグループを逆にして行う。1
回に要する時間が80〜90分となるので，合計160〜
180分の時間を要する。

（1）〜（6）までの手順を2回分で1クールとなるため，月に
2回のペースでの開催が難しい場合は，月1回ずつ開催し，2カ月
かけて行うようにします。そうすること，多くの職場で可能ではな
いでしょうか。この方法の場合，1回目はAグループの人たちだ
けのためだと思われがちですが，Bグループの人たちもAグルー
プの人たちの課題やできないことなどを自分事と捉えて，自分だっ
たらどうするか考え，語るため，他者理解だけでなく自己理解も深
まるのが，大きな特徴です。

職場でのオープンダイアローグの実践方法③

　三つ目は，管理職ではない人向けの実践方法です。

（1）有志参加者を4～5名集め，最初に参加者全員が簡単な
　　　自己紹介をする。

（2）あなたがセレクトした1冊の本の内容を参加者に割り当
　　　て，約30分で各自が分担されたページを読み，その分担
　　　ページの客観的な要約を140文字以内で紙に書き出す。

（3）本の最初のページの人から順番に書き出した客観的な要
　　　約を全員に見せながら読み上げた後，その要約に対して自
　　　分の考えたことや感じたことなどを一人約5分で発表す
　　　る。

（4）全員の発表が終わったら，全員で約30分，否定，指導，
　　　アドバイス，結論づけなどはしないフィードバック（問い
　　　かけや主観の発言）をし合う。

（5）最後に全員が1～2分を目途にこの日の対話の実践につ
　　　いて，思ったことを発表する。

　この方法の特徴は，前半に話すだけの側，聴くだけの側に分かれ，
客観的なことと主観的なことの分担ができることです。そして後半
で主観と主観の交換に入るのですが，前半に本の内容の要約を説明
し，自分の主観を話すので，後半に自己開示がしやすくなっている
ところも大きな特徴です。

　どの方法で実践するにしても，先に紹介した職場でオープンダイ
アローグをするときの三つのルールを厳守してください。また可能
であれば最初の数カ月はオープンダイアローグの経験豊富なファシ
リテーターに進行を担ってもらうのが理想的です。対話では，好意
的関心を寄せ，「何故そう思ったのか」など気持ちに焦点をあてる

ことが大事であるところ，ファシリテーターがそのような問い掛け
に慣れていないと，いつの間にか聞きたいことだけを聞くような目
的化された会話になってしまうことがあるからです。経験値のある
ファシリテーターがいない場合は，参加者が職場でのオープンダイ
アローグの実践前に，自助会などでオープンダイアローグを体験す
ることが望まれます。

🔑 キー概念「リフレクティング」

　職場での実践方法②では，リフレクティングというオープン
ダイアローグの代表的な手法を取り入れています。Ａチームの
話し合いの後に，その話し合いについて，Ａチームが見ている
目の前でＢチームが意見を言い合うというプロセスのことで
す。

　この手法の大きな特徴は，話す側と聞く側のチームがすぐ近
くにいて実際には聞こえているのに，両者の間に見えない壁が
あるように振る舞うことです。このプロセスでは，自分たちの
ことについて誰かが話している様子を自分の中に映しとるとこ
ろに「反射」という意味があり，もっと言えば，相手の話をじっ
くりと聞き，考えをめぐらし，それから考えたことを相手に返
すといった意味合いで「思索」や「深慮」が含まれています。
相手の話にすぐに反応せず，ワンクッション置き，自分の中で
の内的な思考を持たせられるのです。

　上記の実践の際，Ｂチームが注意すべきなのは，オープンダ
イアローグの否定しないという前提があるからと言って，安易
に相手をほめすぎないようにすることです。目の前で自分たち
のことについて話し合われているＡチームに対して，良い面
ばかりでなく悪い面も含めて，正直に話し合い，それを見せる
ことが大事です。これにより，両者が対等な立場であることを，

殊更印象付けることができます。

4-2-2　決定権は実行者本人

　こうしたルールを守りながら職場でオープンダイアローグを行う
ことで，仮に組織のトップや職場の管理職がオープンダイアローグ
の場に加わっても，その発言が重視・忖度されることもありません。
参加者全員が対等な立場で，それぞれの課題について対話すること
で相互理解が進み，特別な人，一風変わった人として受け入れられ
なかった人の発達特性を理解することができます。物事を多角的に
見るということ，ゴールがないということ，評価をするのが組織の
トップや職場の管理職ではなく，あくまで自分自身であるというこ
とが重要です。自分と違った価値観を理解しても，自分の価値観を
変える必要はないのです。

　私たちは生まれてからずっと，選択し続けて生きています。どこ
に進学するか，どこに就職するかという人生の節目だけでなく，レ
ストランで何を注文するか，今日はどの服を着るかなど日々の生活
の中で自己決定が絶えずあるものです。

　それなのに，もし組織や職場でトップダウンばかりが優先され，
自己決定権が認められないとしたら少し不自然ではないでしょう
か。そうなれば，モチベーションの低下や，離職率の増加などが起
こる原因かもしれませんね。組織のトップや職場の管理職は，部下
のモチベーションを維持し，離職者を減らすことも，大切なマネジ
メントであるのに，効率を重視したトップダウンばかりではその真
逆の行為ではないでしょうか。

🪐 組織改革のためのヒント「マネジメントに求められるもの」

　マネジメントとは管理であり指導，つまり人を組織の都合に合わ
せて，コントロール（制御）する側面があるでしょう。しかし私は，

組織のトップや職場の管理職の最も重要な役割は，部下をマネジメントする前に，一人ひとりが自分自身のセルフ・マネジメントを安心してできるようにすることだと思います。そのために，それぞれの違いを認め，自分の価値観を押しつけないようにすることから始めてみませんか。

第 **5** 章

相互理解へのアプローチ

5-1 これから，はたらくあなたに

考えてほしいこと

　あなたは宝くじで５億円が当たったら，はたらきますか？ 「はたらく」と「はたらかない」のどちらかにチェックを入れ，その理由を記入してください。

　□はたらく　　□はたらかない

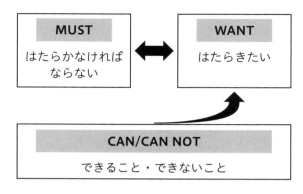

図 5-1　はたらき方を探すヒント

5-1-1　Must ではなく Want

　私はキャリア・コンサルタントとして，学生や転職者などのこれからはたらくことで悩んでいる人の話を聴くとき，はたらきたいと思っている理由を問い掛けます。そして，「お金のために，はたらかなければならない」と答えた人とは，就職活動の話を一旦脇におきます。なぜなら人は，はたらくために生きているわけではないと思っているからです。お金を得ること以上に，はたらくことで社会や人とかかわりを持ち，やりがいや喜びがあることを考えて欲しいのです。

　「はたらかなければならない」（Must），つまりお金を得るための条件である人は，はたらくことでやりがいや喜びを得にくく，いきいきとはたらくことができません。一方，「はたらきたい」（Want）人は，やりがいや喜びを得やすい傾向にあり，いきいきとはたらくことができます。では Want の人になるためにはどうすればよいのでしょう。それはあなたがしたいことをあなた自身が選び出し，あなた自身で決めることです。

　これまで述べてきたように，一人ひとりの価値観は違い，一人ひ

とりのやりがいや喜びを感じる仕事やはたらき方も違います。ですから，まずあなたの Want が何なのか，あなた自身で理解することです。その上でいま，あなたの「できること」(Can) と，「できないこと」(Can not) をあなた自身が理解することです。あなた自身がこれを理解していないと，人に理解してもらいにくいからです。

　そのための一つの方法として，あなたのできることとできないことを書き出してみてください。もし，できることが思い浮かばない場合には，できないことだけ書き出してください。ネガティブな面ばかりに着目して書き出したものをリフレーミング（違う枠組みで見る）技法でポジティブ化して，あなた自身にフィードバックしてみてください。例えば，「即決することができない」であれば「じっくり考えることができる」などといったポジティブ化が可能です。そうすれば，できないことの中にできることが見えてきます。

🔑 キー概念「人類みなハッタツ」

　できることとできないことの差が大きいハッタツ（発達特性を持った人）も，差が小さい定型発達者も，自己理解・自己受容の流れは，基本的に同じです（「1-4-1　ありのままの自分を自己受容」参照）。そしてできるかできないかは，状況枠，時間枠，内容枠によって異なります（「キー概念―リフレーミング」参照）。そう考えれば，できることとできないことの差の大きい小さいは，環境によって生み出されるものであることが分かります。程度の差があるだけで，できることとできないことがあるということ自体は，私もあなたも人類みな同じと考えることができるのではないでしょうか。

　これまでの社会は，定型発達者（マジョリティ）に偏った考え方

でした。つまり今まで通りであることやみんなと一緒などの平平凡凡を良しとし，少しでもできないことがあれば，平均的にできるようになることが求められてきました。そして，その枠からはみ出した人は特別扱いされてきました。しかし，特定領域で平均という枠からはみ出したハッタツが，秀でたスキルでこれまでも社会にイノベーションを起こしてきたことを考えると，ニューロダイバーシティを理解し，できないことをできるようにするのではなく，できることをさらに伸ばす，磨きをかけることこそが，組織にとって必要なことなのではないでしょうか。

5-1-2　採用も相互理解の場

　相互理解はお互いに自己開示をしていくことが理想ですが，これからはたらくあなたに必要なのは，まず，組織の選考時やこれから出会う職場の人にあなたのできることとできないことを，あなたから先に伝えることができるようになることです。

　自己理解・自己受容をした結果，あなたがいまのままのあなたでいたいと思ったときは，その気持ちを大切に日々を過ごしてください。変わりたい，成長したいと思ったときは，無理のないスモールステップで，周囲の人からのアドバイスではなく，あなた自身のWant を大切に，変化を目指してください。

　その上で，あなたがはたらきたいと思った組織に，採用選考から外されたとしても，それは，相互理解ができなかった組織に外されたのだから，悔やむことはありません。応募して採用された組織にこそ，相互理解ができる可能性があると思うことです。

🔑 キー概念「OFF － JT」

　組織が大学に求人票を出す場合には，若者雇用促進法に基づき「青少年雇用情報シート」を提出する必要があります。これ

には，「職業能力の開発および向上に関する取り組みの実施状況」を記載せねばならず，具体的には「研修の有無およびその内容」や「キャリアコンサルティング制度の有無およびその内容」が問われます。つまり，先述のセルフ・キャリアドックやOFF－JTをするキャリアコンサルタントがその組織にいるか，あるいは外部のキャリアコンサルタントに依頼して，それらを実施しているかを確認できるものです。

OFF－JT（Off-the-Job Training）とは，日常の仕事を通じて行う教育（OJT：On-the-Job Training），つまりテクニカルスキルを養う教育に対し，職場や通常の業務から離れ，ヒューマンスキルを養う階層別・職能別教育で，入社時や職場・職務変更時や管理職になるときなど，キャリアの節目で行われるものです。

国家資格であるキャリアコンサルタントには守秘義務があり，OFF－JTの参加者からの相談事や知り得た情報などは，たとえ雇われている組織のトップから問われても，答えることはありません。つまり守秘義務を課せられたキャリアコンサルタントがセルフ・キャリアドックやOFF－JTを担当している組織というのは，その組織がはたらく人の安心で安全な職場を守ろうとしていると考えることができます。

さてそれでは，大学を卒業して入社した会社の新入社員研修でOFF－JTを体験したUさんの事例を見ていきましょう。

📖 事例「自己開示できる環境」

大学を卒業して入社した会社で，Uさんは他の5人の新入社員と一緒に1カ月間のOFF－JTを受けました。そのOFF－JTを担当したキャリアコンサルタントは，連日，褒めゲームや他己紹介

などのワークショップ，そして前日のふりかえりや自分のできることやできないことを一つずつ話すことなどでほとんどの時間を費やし，ジョハリの窓（※5-3参照）やさまざまな特性といった座学を行うのは1日1時間か2時間程度でした。そのため最初の1週間，Uさんは OFF － JT の目的が理解できませんでした。

　2週間が過ぎたとき，Uさんはあることに気づきました。Uさんは入社前には絶対に誰にも言ってはいけないと思っていた，父親の経営する会社を継ぐため，他の会社を経験することを父親に命じられてこの会社に入社したこと，幼い頃からずっと父親の顔色を窺って生きてきたことなどを，たった2週間 OFF － JT を一緒に受けた新入社員たちやキャリアコンサルタントに語っていたのです。また，いつも隣の席でゴソゴソと動きながらも，キャリアコンサルタントの問い掛けには一番に答えていたVさんも，「診断は受けていないがたぶん私は ADHD だと思う」と言い出したのを皮切りに，他の新入社員たちもそれぞれの特性について，それまで誰にも語ったことのないようなことを自己開示していました。

🔍 考察——あなたならどうする？

　あなたは自分の発達特性を自分自身で見立てて，それを周囲の人に開示できますか。またあなたが逆にそういう自己開示をされたら，どう対応しますか。そしてもしあなたが組織のトップだったら，組織に OFF － JT やセルフ・キャリアドックを導入するかどうかを考えてみてください。

　自己理解・自己受容をしたことを周囲に開示するためには，安心で安全な場が必要です。はたらく組織や職場が安心で安全な場所でなければ，あなたは自己開示をしても周囲に理解してもらえず，一方的に組織のトップや職場の管理職の価値観を受け入れるしかなくなるかもしれません。

はたらくためには，自己理解が大切であることを前項では述べましたが，これからはたらく人にとってそれ以上に大切なのは，あなたがはたらきたいと思った組織や職場が安心で安全な場所で，一人ひとりの価値観を理解してもらえるような環境であることです。採用面接時などにこのことを確認するようにしましょう。面接は組織があなたを採用するかどうかを見極めるためではなく，あなた自身も自分にとってその組織や職場を見極める機会であることを理解しておいてください。

組織改革のためのヒント「採用・育成する側のスキル」

　あなたが採用選考に携わる人だったら，応募者のできないところとできるところのどちらに着目しますか。できないところに着目するのは比較的容易ですが，できるところに着目するのには，それなりのスキルが必要です。なぜなら，採用選考に携わる人の役目は，応募者自身も気づいていないできることを見つけることでもあるからです。

　また，採用した人材の育成に携わる人は，テクニカルスキルのOJT に終始していないでしょうか。テクニカルスキルは人を組織に適合させるために必要なものでもありますが，それを身に付ける前に，一人ひとりのヒューマンスキルを OFF － JT で養うことが，採用した人だけでなく育成に携わる人にも必要ではないでしょうか。

　磨かねばならないのは応募者のスキルだけではなく，組織や職場の採用・育成する側のスキルでもあるのです。そして，これからはたらくあなたは，自分のできないことを無理して克服しようとするのではなく，自分のできないことと折り合いをつけることを考えることも大切です。

5-2　いま，はたらいているあなたに

考えてほしいこと

　あなたが，はたらく上での 3 年後の目標を掲げるとしたら，どんな目標を掲げるか考えて，記入してください。

図 5-2　3 年後の目標

5-2-1　自分で決めた目標

　いきいきと楽しくはたらくために，欠かせないものが，私は二つあると思っています。その一つ目が自分で決めた目標に向かって挑戦しながらはたらくことです。例えばその目標が，「日々淡々とはたらく」という一見，目標でないように見えるものであったとしても問題ありません。なぜなら自分で決めた目標なら，その目標に向かって歩む途中で躓くことや，失敗することがあっても，成長につながるものと捉えることができ，モチベーションが下がることが少ないからです。

　ところが目標が自分で決めた目標でなく，他人か決めた目標だと，失敗は自分の評価を下げるものとして考えることしかできず，モチベーションが下がっていきがちです。モチベーションが下がると，いきいきと楽しくはたらくことができなくなります。目標に向かって挑戦するのに，遅過ぎることはありません。挑戦しないままズルズルと年月を過ごすより，挑戦してみることです。それでもし失敗しても，その失敗から学ぶことは，きっとあります。

そうやって挑戦し，はたらいている人たちが，お互いにその目標やはたらき方を認め合えば，その組織や職場は安心で安全な場所となります。組織や職場にはさまざまな価値観を持った人がいて，誰しもがその一人です。その人たち全員が同じ方向を向いて同調するなんてことはありませんし，無理に同調させても，その方向からはイノベーションは生まれません。けれどもオープンダイアローグで，一人ひとりの目標やはたらき方を相互理解し尊敬し合うことで，イノベーションは起こります。

　さてそれでは，3年後の目標を自分自身で決めて，はたらき始めたUさんの事例を見ていきましょう。

📖 事例「『あなたのため』という抑圧」

　Uさんは新入社員研修のOff-JTの最終日に，3年後の目標を，「製造マニュアルを改善すること」と発表しました。そしてOff-JTが終わった翌日から配属された製造部で，直属の上司であるW課長の作った製造マニュアルを見ながら製造工程を学ぶOJTが始まりました。しかしそのマニュアルには，作業の手順の大まかなことは記載されているものの，トラブルがあったときの対応方法やそれぞれの作業の目的の記載がありませんでした。大学で問題解決型学習（Problem-Based Learning：PBL）を学んでいたUさんは，Off-JTで学んだPDCAサイクルを実践するためにも，W課長に，「このマニュアルを改善させたいので，それぞれの作業の目的を教えてください」とたずねました。

　しかしW課長は，「私が作ったマニュアルを，入社したばかりのUさんは，変えようと思っているのですか。大学で何を学んだか知らないが，そういうことはまずはこのマニュアルの通りに作業が全部できるようになってから，言ってください」と，声を荒げてUさんを睨みつけました。Uさんは，とりあえずOJTの期間は，黙っ

てW課長に従おうと決めました。

　それから3カ月後，W課長の下でOJTを全て終えたUさんは，実際に担当することになったいくつかの作業の目的を自分で書き出し，改めてW課長に，「私の担当する作業の目的は，これで合っていますか」たずねました。するとW課長は，「まだ分からないのか。Uさんは私の部下なのだから，目的なんか知らなくていい。ただ私に指導された通りにやるだけ。そうすればミスもなく，私もUさんも社長や工場長から目をつけられることもないし，それがUさんのためだから」とUさんをまた睨みつけました。

- Uさんの発達特性＝立場に関係なく意見を言うことができる。指示されたこと以外の点にも目が向いてしまう。

🗨 考察——あなたならどうする？

　あなたは，「指導された通りにやるのが，あなたのため」と上司に言われたら，どんな気持ちになりますか。もしあなたの同僚に，上司が同じことを言っているのを聞いたら，あなたはその同僚にどんな言葉をかけますか。またあなたがW課長だったら，Uさんの質問にどう答えるかを考えてみてください。

　近年，毒親，毒支援者，毒上司というインパクトのある言葉を耳にすることがあります。このいわゆる「毒」を持つ人たちに共通するのは，「あなたのため」というたて前を使うことです。これがパターナリズムという強い（上の）立場の人が，弱い（下の）立場の人の考え方や価値観を尊重しないときに使う言葉であることは，先述しました。つまり毒親，毒支援者，毒上司の共通点は，人をコントロール（支配）しようとするということです。

5-2-2　人間関係の悩みは尽きない

　いきいきと楽しくはたらくために，欠かせないものの二つ目が，人間関係です。人は所属する組織・職場の中で，自分が周囲の人からどう見られているかを気にする生き物です。そのため人は常に「あるがままの自分」ではなく，周囲の人に望ましい印象を与えようと振る舞ってしまうことがあります。例えば自分を大きく見せたり，自分に価値があるように見せたり，また，自分の力を知らしめようとしたり，相手の機嫌を取って取り入ろうとしたり，被害者ぶって同情を引こうとしたり，「偽りの自分」を演じることがあります。

　こうした自己呈示は周囲の人に否定されそうになった自分を守るための自己防衛，あるいは周囲の人に肯定的・好意的な印象を持ってもらいたいといった承認欲求の現れです。このような自己呈示は一時的には，人間関係のトラブルを避けて良好な関係を築くために役立つように見えるかもしれませんが，一歩間違うと人間関係そのものを崩壊させてしまう危険性も含んでおり，また「あるがままの自分」でないため，その重みに自分自身が耐えきれなくなることもあります。これらの人間関係の問題もオープンダイアローグで，一人ひとりの目標やはたらき方を相互理解し，尊敬し合うことで解消することが可能ではないでしょうか。

🔑 キー概念「逃げるは恥だが……」

　「石の上にも三年」ということわざがあります。メンタルヘルスを軽視していたかつての時代には，このたとえが「どんなに辛くても 3 年辛抱すれば必ず事態が好転する」と根性論的に解釈され，就職して 3 年以内に退職する人は，忍耐力のない人とレッテルを貼られる傾向がありました。しかし，本当にどんな状況でも耐えることだけが正解なのでしょうか。メンタルヘルス・マネジメント検定試験の公式テキストによると，ス

トレスによる身体の不調が2週間以上継続するとうつ病が疑われることが示されています。どんなに辛いことでも3年も我慢するというのは私は賛成できません。

また、「闘うか逃げるかの反応（Fight-or-Flight Response）」というものもあります。組織や職場で継続的に価値観を押しつけられるような高いストレス状況に晒されているとき、価値観を押しつけてくる人と闘うか、その状況から逃げるかどちらかを選択することが自分を守ることになるのではないでしょうか。

ただし、価値観を押しつけてくる人と闘うということは、その人を変えようとする行動に結びつくため、今度はあなたが抑圧する側になる可能性があります。それでなくとも上の立場の人と闘うのは簡単ではないでしょう。結局、逃げることが問題を解消する一番の手段であることが多いのかもしれません。

大卒で入社した人の3割、短大卒で入社した人の4割が、3年以内に離職するというデータがあります。これまでは大卒で入社して残った7割、短大卒で入社して残った6割がマジョリティ（多数派）であり、優れていて、さも離職したマイノリティ（少数派）が劣っていると決めつける傾向がありました。

新卒にかかわらず、はたらく人の離職を防ぐことは組織にとって重要な課題のはずなのに、適切な環境調整がなされていないのなら、メンタル疾患を発症する人や離職する人は減らないのは自然な流れではないでしょうか。

🔑 キー概念「2：6：2の相互理解の法則」

学生のときは教授や友人を自分で選ぶことができましたが、社会人になると上司や同僚を選ぶことはできません。直属の上

司があなたの価値観を理解してくれないのなら，その環境から逃げることを考えた方がよいかもしれませんが，もしあなたの価値観を理解してくれないのが対等な立場の同僚なら，逃げる前に考えてみて欲しいことがあります。

あなた自身は職場の全員の価値観を理解しているでしょうか。理解するどころか，全員の価値観について考えたことがないのではないでしょうか。つまり，あなたは誰かに自分の価値観を押しつけていないとしても，理解しているわけでもないのです。

もし職場の全員に理解してもらいたいなら，まずあなたが職場の全員を理解した方が賢明ですが，それも難しいでしょう。そこで，人間関係の２：６：２の法則というものを紹介します。

・あなたの価値観を理解してくれる人が２割
・あなたの価値観を知らない人が６割
・あなたの価値観を理解しない人が２割

この法則は，経済学者のヴィルフレド・パレートの学説が元になっていると言われており，どんな組織も上位２割：中間６割：下位２割の人材に分かれて構成されるとする通説のようなものです。仕事の成果を出す階層の上位・中間・下位という意味で使われることがありますが，上記のように人間関係や価値観の問題に援用することもできます。あなたの価値観を理解してくれる人が２割もいると考えると気持ちが少し楽になりませんか。

はたらくということは，他人とかかわり，他人に干渉することです。人間関係の問題は，ここから始まります。ですからオープン

ダイアローグで対話を通じて相互理解することが大切なのですが，オープンダイアローグが職場で実践できない環境なら，まずあなたが職場の誰か一人の価値観を理解することから始めることです。そして職場の2割の人があなたの価値観を理解してくれたなら，逃げることはないかもしれません。さらに，自分は自分，他人は他人と自他分離することで，あなたの価値観を理解してくれない2割の人との人間関係の問題も解消するのではないでしょうか。

組織改革のためのヒント「人間関係にもオープンダイアローグを」

　仕事を辞める理由の9割は，人間関係です。誰しも人間関係の悩みは尽きません。この問題の解消法の一つが，オープンダイアローグです。第4章で紹介した，職場で実践するための三つのルールを使って，対等な立場で話し合う場をたくさん設定し，相互理解を深められるようにしましょう。例えば自分が本当に挑戦してみたい目標を語り，周囲の人の挑戦してみたい目標を聞くことです。対話を通じてありのままの自分を尊重してもらえる組織や職場になれば，誰もがいきいきと楽しくはたらけるようになるのではないでしょうか。

5-3　管理職をしているあなたに

考えてほしいこと

　あなたは部下を管理し，指導することが仕事だと思っていますか？　「思っている」と「思っていない」のどちらかにチェックを入れ，そう思っている理由を記入してください。

　□思っている　　□思っていない

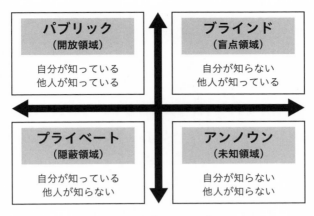

<figure>

パブリック （開放領域） 自分が知っている 他人が知っている	ブラインド （盲点領域） 自分が知らない 他人が知っている
プライベート （隠蔽領域） 自分が知っている 他人が知らない	アンノウン （未知領域） 自分が知らない 他人が知らない

図 5-3　ジョハリの窓
</figure>

5-3-1　効果的な情報共有は相互理解から

　職場での情報共有ということがはたらく状況をよくする効果があります。

　図 5-3 はジョハリの窓といって，自分と他人の認識のズレを理解するためのツールです。ビジネスシーンでも役立つ概念として，特に，組織のコミュニケーションの促進や能力開発，キャリアコンサルティングのフィールドで自己分析ツールの一つとして頻繁に活用されています。この四つの窓を使って管理職と部下の情報共有について考えてみましょう。

(1) パブリック（開放領域）は，管理職と部下が共有している情報。
(2) プライベート（隠蔽領域）は，管理職は知っているが部下は知らない情報。
(3) ブラインド（盲点領域）は，管理職は知らないが部下は知っている情報。

（4）アンノウン（未知領域）は，管理職も部下も知らない情報。

　管理職も部下もそれぞれが知っている情報を開示すれば，パブリック領域が広がり，職場がはたらきやすいものへと変わっていくはずです。

　ただ注意しなければならないのは，この情報には，客観的な事柄だけではなく，主観的な価値観も含まれるということです。

　例えばイベントに「100人集まった」ことは客観的情報，その100人を多いと思っているか，少ないと思っているかは主観的情報です。つまり，そのイベントに「100人しか集まっていない」と思っている管理職と，「100人も集まった」と思っている部下が，お互いの価値観の違いを理解し合っていなければ，効果的な情報共有にはならないということです。大切なのは，客観的事実だけを情報共有するのではなく，価値観の相互理解も同時に心がけるということです。

🔑 キー概念「創作童話・裸の王様とイエスマンの国」

　ある国の王様は，誰よりも自分の価値観が正しいと思っていたので，その国ではたらく人たちに細かく指示を出し，従わせてきました。そのため，はたらく人たちは誰もが自分の価値観を押し殺して，王様の指示を待つだけの人になっていきました。そして常に王様の顔色を窺い，王様が何を言っても，「そうですね」と思考や気持ちの伴わない言葉を条件反射的に返していました。

　そうやって祭り上げられた裸の王様は，お城で王様の言う通りにはたらく人たちを優遇し，王様とは違う独創的な価値観を持った人たちの話を聞こうともせず，自分の話を聞かせるばかりで，冷遇していました。そのため王様に従う人以外はどんど

んこの国を去り，いつの間にかこの国の人口は半分になっていました。

　王様はその国に残ったイエスマンたちに，「人を増やす方法を考えろ」と指示しましたが，長年，王様の指示を待つだけだったイエスマンたちは，戸惑うばかりでした。そしてこの国はしばらくして滅びてしまいました。

　上の創作童話の王様を組織のトップや職場の管理職に置き換えて，この国はどうすれば滅びなかったかを考えてみてください。

5-3-2　目指せ！　部下を管理しすぎない管理職

　前章でも述べましたが，いまはブーカ（VUCA）の時代とも言われ，組織を取り巻く状況はかつてないほど変動的，不確実，複雑で，曖昧になってきており，組織のトップや職場の管理職だけの既存の知識や経験だけでは解決できない課題が山積みになっています。その中でも最も深刻なのが，人材が育たないという課題です。

　人は本来，目標や仕事の方法を事細かに指示されるより，自分の価値観に沿って，自分で決めた方法で実行する方がモチベーションが高まります。しかし従来，トップダウンで指示・命令された方法で仕事を行うことが主流であり，そのためトップダウンの指示・命令を受けた実行者である部下は，仕事の「要求度」が高く，「裁量権や自由度」が低く，自分の価値観に沿って決めたことへの「支援度」が少ないと感じ，組織を辞めるか，心が疲弊するか，あるいは自分の価値観を押し殺して，イエスマン（指示待ち人間）になるかしかありませんでした。

　このような状況を考えれば，組織のトップや職場の管理職が行うべきなのは，部下のモチベーションを高めようとするよりも，モチベーションを下げないためにストレスを低減させることでしょう。

🔑 キー概念「DCS モデル」

　これまで脳に多大なストレスが加わると，発達障がいを発現させたり，メンタル疾患を発症させるおそれがあることを説明してきました。つまり職場において最もおそれるべきなのはストレスです。組織のトップや職場の管理職は，部下のストレスの原因になるのではなく，逆にストレスを低減させる存在となることが理想です。Demand-Control-Support（DCS）モデルは，ストレス反応の原因と緩和要因をシンプルかつ分かりやすく説明してくれます。下記の三つの項目を一つひとつ見ていきましょう。

（1）要求度（Demand）

　業務の難しさのことです。主に仕事の量と質が当てはまります。これが高ければ，その仕事に従事する人はストレス反応を引き起こしやすくなります。管理職は，自分の価値観を押しつけるような細かい指導，アドバイスをするのではなく，部下の考えや仕事の目標，進め方を尊重するようにしましょう。

（2）裁量権や自由度（Control）

　その仕事に従事する人が行使できる知識や能力，自由裁量権のことです。これが高ければ，その人のストレス反応は起こりにくくなります。管理職は仕事の進め方を管理しようとしすぎず，できるだけ仕事の期日などを部下自身に決めてもらうようにしましょう。

（3）支援度（Support）

　周囲から得られるサポート資源，ストレス反応を起こりにくくする緩衝要因です。

　管理職は，部下が自分一人で乗り越えられない課題について，管理職自身を含めた周囲に相談できるような環境を整えるよう

にしましょう。

　部下のモチベーションが下がる組織の共通点は，トップダウンにかたよっていることです。その組織を改革するには，部下の提案を管理職が積極的に拾い上げ，ボトムアップを促進することが非常に重要です。ボトムアップされた内容を組織のトップが理解し承認することで，組織改革が実現していきます。そして，部下の多様な価値観を理解し拾い上げる手段として極めて有効なのが，オープンダイアローグという手法です。

　責任感のある組織のトップや職場の管理職ほど，自分の価値観が一番優れているという考えにとらわれてしまうものです。しかし，組織のトップや職場の管理職は，まずはたらく人たちをマネジメントする前に，セルフ・マネジメント──自分を管理しなくてはならないということです。

　組織のトップや職場の管理職からの一方的な指示する姿勢は，はたらく人たちのモチベーションを下げ，それを続けるとイエスマン（指示待ち人間）の山を作ることになります。そうならないようにどうするかを考えるのもマネジメントする管理職の重要な役割です。

　職場のさまざまな意見を活性化させる方法もオープンダイアローグです。オープンダイアローグで組織のトップや職場の管理職が自分の価値観と違っていても，聴いてもらえる，理解してもらえるという安心で安全な場が保証されていることを示すことは非常に重要です。はたらく人たちそれぞれの価値観に敬意を持つこと，部下を変えよう，成長させようとしないことで，変化や成長が副産物として起こるのです。つまり部下を活かすも殺すも組織のトップや職場の管理職のマネジメント次第ということです。

　さてそれでは，安心で安全な職場で，いきいきとはたらくＵさ

んの事例を見ていきましょう。

📋 事例「相互理解が生まれるとき」

　Uさんは入社半年後にあったキャリアコンサルタントとのフォロー面談の中で，配属後にあったW課長とのやりとりのいくつかを伝えました。キャリアコンサルタントは，「Uさんは，W課長が言ったことやとった行動を話してくれたけど，W課長がなぜそんなことを言ったりしたかについては考えてみましたか」と問い掛けてきました。その瞬間，Uさんはジョハリの窓や傾聴のことなど，Off-JTで学んだことを思い出し，「あっ，自分の話ばかりを考えていたので，W課長の考えに寄り添っていませんでした」と答えました。

　このフォロー面談の翌日から，UさんはW課長に，「課長の作られた製造マニュアルのおかげで，ずいぶん助かっています。課長はどうしてこの製造マニュアルを作ろうと思ったのですか」などと，ことあるごとに製造マニュアルの作成の意図や経緯について聞くようにしました。次第にW課長はUさんの変化に気づき，質問に答えてくれるようになっていきました。

　それからUさんが入社して約10カ月後，W課長は，「4月から私は部長になることになったよ。それで先日，Off-JTを受けてきてね，思い出したんだ。Uさん，確か製造マニュアルを改善したいから，それぞれの業務の目的を教えて欲しいと言っていたよね」と，100以上ある製造マニュアルの各項目の目的を書き出した紙をUさんに手渡しました。Uさんが，「えっ，マニュアルの改善に取り組んで良いのですか」と言うと，W課長は，「良いも悪いも10年も前に私が作ったマニュアルだからね。改善すべきところは改善しなくちゃね」と笑いました。

　それからUさんは，通常業務の合間をぬって製造マニュアルの

改善に取り組み，新課長に改善点の相談に行くようになりました。そのうち新課長から，「二人だけで打ち合わせするのではなく，課全体で業務改善ミーティングを月１回開こう」という提案があり，製造マニュアルの改善は課内の人たちの意見も取り入れて進むようになりました。中には，工程そのものの廃止や，外注先に作業を委託する部分もあって，全社を巻き込んでの業務改善となっていきました。

- W課長の発達特性＝よく考えてから行動することができる。新しいことに挑戦したり，意見を取り入れることが得意ではない。

考察──あなたならどうする？

　あなたは価値観を押しつけてくる人が，なぜそうするのか考えたことがありますか。あなたの周りに仕事の取り組み方を変えようとする同僚がいたら，あなたはどのような対応をしますか。そして，もしあなたがＵさんの上司だったら，どう対応するかを考えてみてください。

　自分自身の考えや方針に沿って進んでいくことも大切ですが，一緒にはたらく人たちの考えを理解することも同じくらい大切です。仕事は一人で進められるものではありません。今回の事例では，Off－JTやキャリア面談の存在がうまく相互理解を促すことになることを知れましたね。

キー概念「プランド・ハップンスタンス」

　偶然の出来事が人に大きな影響を及ぼすというプランド・ハップンスタンス（計画的偶発性）という理論があります。簡単に説明すると，人生の８割ほどは，予想しない偶然の出来事でできていて，この偶然をポジティブなスタンスで受け入れ，

活用することがキャリアアップにつながるというような理論です。偶然の出来事をチャンスにするには，好奇心，持続性，柔軟性，楽観性，冒険心の五つのスキルが必要といわれています。この五つのスキルの解釈についてもう少し掘り下げてみましょう。

（1）好奇心：あらゆる人や事柄に興味関心を持つ。
（2）持続性：チャンスはきっと巡ってくると待ち続ける。
（3）柔軟性：状況枠・時間枠・内容枠を変えて考える。
（4）楽観性：きっといつかは上手くいくとポジティブに捉える。
（5）冒険心：リスクを恐れず，とりあえず行動を起こしてみる。

　プランド・ハップンスタンスは組織ではたらく人たちが壁にぶつかって悩んでいるときや，仕事に不安を抱いてモチベーションが下がっているときなどに思い出すと心が軽くなる理論です。

🔍 組織改革のためのヒント「先取りするか，後追いをするか」
　オープンダイアローグはニューロダイバーシティ（脳の多様性）という目には見えない違いを理解するための最善の方法です。しかし，ニューロダイバーシティによる組織改革も，最初は目には見えない小さなイノベーションしか起こせないかもしれません。それでもジェンダーダイバーシティやエイジダイバーシティが時代の流れとともに進んできたように，ニューロダイバーシティも確実に世界で進められてきている概念なのです。ですから，中長期的な視野に立てば，他の組織より先んじてニューロダイバーシティの恩恵を先取りするか，時代の後追いをするかの選択になります。

5-4　ハラスメント

考えてほしいこと

　あなたは自分が,「ハラスメントをしてしまった」と, 思ったことがありますか?　「ある」と「ない」のどちらかにチェックを入れ, そう思う理由を記入してください。

　□ある　　□ない

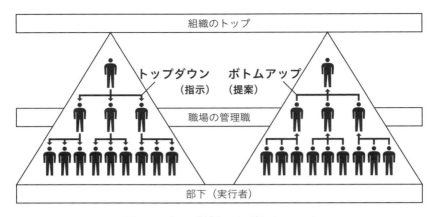

図 5-4　トップダウンとボトムアップ

5-4-1　法的な視点からみるハラスメント

　本項では，前項に引き続き組織のトップや職場の管理職には耳の痛い課題であろう，職場におけるハラスメントについて述べていきます。

　ハラスメントにはいくつかの類型があります。「だから彼氏に振られるんだよ」というような言動により職場環境を害するセクシュアルハラスメント。「男は仕事を優先すべきだ」というような言動により，育児休暇などの制度利用を阻害するマタニティ／パタニティハラスメント。「それじゃ新入社員並みだな」というような言動によるパワーハラスメントが代表的なものでしょう。

　これらのハラスメントの類型については，みなさんがよく知っているものもあるでしょう。ここで，改めてお伝えしておきたい点として，これらを法の側面から捉えると，順番に，男女雇用機会均等法，育児・介護休業法，労働施策総合促進法にそれぞれ抵触する可能性があるということです。三つ目のパワハラの言動の例などは，①優越的な関係を背景とした，②業務上必要かつ相当な範囲を超えた言

動により，③職場環境を害することという，三つの要素全てを満た
すことになります。

🔑 キー概念「ハラスメントが起こりやすい組織や職場」

　ハラスメントが起こりやすい組織や職場の特徴としては，以
下の四つが挙げられます。

（1）外部の力が及ばない典型的なピラミッド型の閉鎖的な組
　　織や職場。
（2）仕事が忙し過ぎて余裕がないため，管理職や一人ひとり
　　のはたらく人の相互理解が進まない組織や職場。
（3）組織のトップや職場の管理職が細かいことに干渉しすぎ
　　る組織や職場。
（4）組織のトップや職場の管理職のマネジメントスキルが低
　　く，立場の弱い者に負担が集中する組織や職場。

5-4-2　ハラスメントに関わる人の声を集める

　どの職場で起こるどのハラスメントも，結局のところ，要因は価
値観の押しつけです。そのため，ハラスメントは，上から下へ立場
の弱い者に向かう傾向があり，組織のヒエラルキーなピラミッド型
の構造が，ハラスメントの温床となります。これを私は順送りのハ
ラスメントと呼んでいます。

　そうした順送りのハラスメントの中でも，パワハラを防止するた
め，改正労働施策総合推進法が施行され，大企業では 2020 年 6
月 1 日から，中小企業では 2022 年 4 月 1 日から，組織のトップ
にパワハラへの対策をとることが義務付けられました。

　パワハラには「意図的パワハラ」と「非意図的パワハラ」の 2
種類があります。「意図的パワハラ」とは，誰かを仲間外れにした

り無視したりといった悪質性が高いパワハラです。一方，「非意図的パワハラ」とは，加害者がパワハラをしていることを自覚していない場合です。組織のトップや職場の管理職が部下のために良かれと思い指導やアドバイスしていることが，部下にとっては大きなストレスとなっていることがあります。

　ところが多くの組織で，このパワハラ対策に設けている相談窓口の責任者が，価値観を押しつけている張本人であることが多いため，事実上は全くパワハラ対策の機能を果たしていないのです。組織内でパワハラについての知識を学んでもらう研修も，私は，根本的な解決にはならないと考えています。なぜなら組織のトップも同調圧力の強いこの社会から価値観を押しつけられている被害者でもあるからです。

　パワハラは簡単には解決することはできませんが，解消する方法として，ここでも職場にオープンダイアローグを導入することが挙げられます。オープンダイアローグは，パワハラの被害者，加害者だけなく，パワハラを黙認している周囲の人たちも参加することになります。そのような場では，周囲の人が，「そうした言動を横目で見るのも，心が痛む」と思うことや，パワハラを受けた人が，「私も自分の価値観を人に押しつけたことがある」と気づくこと，さらに組織のトップが，「自分も社会の価値観を押しつけられた一人であること」など，さまざまな角度から声が集まります。つまり加害者を見つけ出して罰することではなく，組織風土を改革しパワハラが起こらないよう環境調整を進めていくことができるのです。

　さてそれでは，父親にパワハラを指摘できるまでに成長したＵさんの事例を見ていきましょう。

📖 事例「順送りのハラスメント」

　Ｕさんは入社して５年が過ぎたとき，父親の経営する会社に戻っ

てくるように命じられました。しかしUさんは，物心がついてから初めて，「いまはまだ会社を辞めたくない」と父親に背きました。父親はこれをゆるそうとしませんでしたが，UさんはW課長との経験を活かし，父親に祖父の会社ではたらき始めた頃のことや，祖父から会社を引き継いだときのことなどをゆっくりと問い掛け，対話に努めました。

　父親は学生時代，農業に興味があったが，祖父の会社を継ぐことが自分の使命だと考えていたので，自分のしたいことを押し殺して祖父の会社ではたらき始めたことや，祖父の会社の創業時からの古参社員であるX専務に，祖父の見えないところでさまざまな嫌がらせを受けたことなどを語ってくれました。父親は社長になってからも，X専務を心から信用することができず，Uさんにしてきたように常に高圧的に振る舞い，自分の指示に従わせてきたようでした。

　Uさんは父親がどうやってX専務を自分の指示に従わせているかを聞き，「父さん，それってパワハラだよ。そんなことしていたら，X専務だけじゃなく他の社員までどんどん辞めちゃうよ」と言うと，父親は，「俺はずっとこの方法で，会社を引っ張ってきた。他の方法なんて，いまさら……」と黙り込んでしまいました。

- Uさんの父親の発達特性＝周囲に権威を示すことで社員を統率してきた。周囲を信用し，寛容に接することができない。
- X専務の発達特性＝伝統を重んじることができる。環境の変化に対応することができない。

考察——あなたならどうする？

　あなたは職場の管理職にハラスメントを受けたときは，どうしますか。またあなたの同僚が職場の管理職にハラスメントを受けているのを見たとき，あなたはその同僚にどのように声をかけますか。

あるいはあなたがハラスメントをした人の上司ならどのような対応をするかを考えてみてください。

　すでに述べたことの繰り返しになりますが，ニューロダイバーシティは高い倫理観を説く福祉対策でも，雇用対策でもありません。一人ひとりの脳の多様性を理解することで，社員それぞれの可能性をどう伸ばし活かすかを考えるマネジメントの理念です。ここであなたに考えてほしいのは，ハラスメントの根底にあるのは，はたらく人の心身の健康より，組織にとっての合理性や効率性，つまり組織の利益を優先した結果であることが少なくないということです。同じように，人のできることよりもできないことに着目するのも，組織の合理性や効率性からきている場合が少なくありません。

　付け加えると合理性や効率性からは，それまでとは違う価値観，つまりイノベーションは生まれにくいでしょう。また，はたらく人の心を疲弊させたり離職に導くハラスメントは，結果的に組織にとっては最も合理性や効率性を欠く行為であるということです。

5-4-3　オープンダイアローグは手軽な組織改革

　また繰り返しになりますが，オープンダイアローグは他人を変えることを目的とはしていません。対等な関係での対話を通じて相互理解を深め，あなたが今後どうするかを自己決定するための手法です。結果としてあなたの言動が，これまでと変わっていくとしても，それは副産物です。

　その一方で，ハラスメントはヒエラルキー型組織でのトップダウンの副産物ともいえます。ヒエラルキー型組織の対極にあるのは，役職や階級のないフラットなホラクラシー型組織と言えます。この構造をとる数多くのベンチャー企業が，社員一人ひとりから吸い上げた提案をボトムアップして，イノベーションを起こしています。

　だからといって，あなたの組織を一気に180度転換することは，

難しいと思います。そこで，まずはどんな組織でも容易に取り入れることが可能なオープンダイアローグ——対等な関係で安心で安全な場を実体験してほしいのです。そしてオープンダイアローグの導入が，はたらく人たちの心に変化を与え，組織改革の実現につながる起爆剤となることを実感してほしいのです。

🔍 組織改革のためのヒント「トカゲの尻尾切りにしない」

　組織でハラスメントを受けたことにより，メンタル疾患を発症し，労災認定された人がこの 10 年間で 6 割以上増えたといわれています。労災認定をされていない人，またメンタル疾患を発症させる前に組織を辞めた人を含めるといったいどのぐらいの数に上るでしょうか。

　ハラスメントは往々にして，加害者や被害者にスポットが当てられがちですが，ハラスメントを黙認している周囲の人たちの存在が，ハラスメントを増幅させ続けている側面もあるのです。ハラスメントは目に見える加害者と被害者だけの問題ではなく，組織の風土そのものが問題であると捉えるべきです。そんな組織の実態を検証し改革することなく，ただ発覚した加害者だけに注意を促すのでは，トカゲの尻尾切りに終わるのではないでしょうか。是非とも，オープンダイアローグを導入して，組織の根本的な改革を検討してみてください。

5-5　本当に必要な配慮とは

考えてほしいこと

　あなたは定型者と障がい者が「同じ職場」か「別々の職場」，どちらではたらくことが理想ですか？　「同じ職場」と「別々の職場」のどちらかにチェックを入れ，その理由を記入してください。

　□同じ職場　　□別々の職場

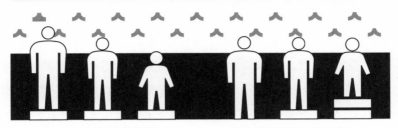

EQUALITY（平等）　　　　　　EQUITY（公平）

図 5-5　合理的配慮

背の高い人・低い人，平等にみんなに足台を配れば，夕日が沈むのを見える人と見えない人ができてしまいます。公平にみんなが夕日が沈むのを見えるように足台を配るのが合理的配慮です。

5-5-1　インクルーシブ社会は全人類のため

　文部科学省は，「障がい者等が，積極的に参加・貢献していくことができる共生（インクルーシブ）社会を目指すことが，我が国において最も積極的に取り組むべき重要な課題」と謳っています。ところがキャリア・デベロップメント・アドバイザー（CDA）（日本キャリア開発協会の認定資格）を対象に，いきいきムーンが 2021 年 2 月にアンケートをとって，前ページの「考えてほしいこと」と同じ質問をしたところ，1,776 名から得た回答結果中，「同じ職場が理想」と回答した人は 65％にとどまりました。一人ひとりのキャリア形成に寄り添うはずのCDAですらこの数字なのですから，意識の上ですら，インクルーシブ社会の実現がまだまだ道半ばであることがわかります。

　例えば，学校であれば健常者と障がい者のクラスを分離するセグレゲーション（分離）学級，職場で健常者と障がい者を分離するセ

グレゲーション職場というものが，今はまだ多くを占めているといえます。分離されていては，一人ひとりの違いを認める相互理解は進みません。健常者と障がい者を同じクラスにしたインクルーシブ学級であれば，一人ひとりの違いを理解することで配慮する心が育まれます。同じように健常者と障がい者を同じ職場にしたインクルーシブ職場では，一人ひとりの違いを理解する心が育まれます。

　こうした結果，インクルーシブ職場を実現し，相互理解で恩恵を得るのは，健常者と障がい者双方であるということです。ハラスメントがなくなり人材が定着するだけでなく，ニューロダイバーシティを理解した人材がいきいきとはたらくことで，組織に多大で多様なメリットをもたらすのです。

> ### 🔑 キー概念「合理的配慮」
>
> 　合理的配慮とは，障がいのある人から社会の中にある障壁を取り除くために対応が求められたときに，負担が重すぎない範囲で対応することです。元々，障がいが本人に由来するものとする「医学モデル」一辺倒だった日本には無かった概念で，2013年に日本が障害者差別解消法を成立させたのを契機に，世界の流れに沿う形で，「社会モデル」が取り入れられ，その中で合理的配慮が謳われました。
>
> 　最も顕著な差別とは，健常者と障がい者を分離することです。日本はこの条約に批准したにもかかわらず，いまだに特別支援学級や特例子会社などを認めているため，国連から勧告を受けています。つまり世界が考えている合理的配慮とは，健常者と障がい者が同じ教室で学んだり，同じ職場ではたらいたりするために，必要な環境調整をすることだと，私は思っています。

5-5-2　本当に必要な配慮を知るための対話

　私は極力，組織のトップや職場の管理職には，配慮が必要な人のための配慮や成功事例などを話さないようにしています。なぜなら，配慮する側の人は，それが答えだと思い指導やアドバイスに走ってしまうからです。一人ひとりの違いを理解せずに，他人のライフハックや成功事例などを指導やアドバイスするのは，ある意味，配慮する側の満足であり，さらに踏み混んでいえば，ASDだからこうすればとか，ADHDだからこうしてあげればなどと，一方的にレッテルを貼ることにもつながりかねないと思います。

　日本が世界に遅れているのは，一人ひとりの違いを理解するニューロダイバーシティだけではありません。女性差別を表すジェンダーギャップ指数においても，2021年に日本は156カ国中120位と，世界から大きな遅れをとっています。

　ジェンダーダイバーシティやエイジダイバーシティを推進する上で，女性にはこう，高齢者にはこうすれば配慮したことになるという固定的な捉え方に，私は危うさを感じます。女性も高齢者も一人ひとりに違いがあるように，同じ障がい名であっても一人ひとりの生きづらさの程度や求めている配慮は，それぞれ違うのです。もちろん配慮しようとすること自体はすばらしいことです。でも，答えを求めて型にはめようとすることは一人ひとりの違いを認める理想からは遠ざかっているようにも思うのです。配慮の前に，その配慮が本当に必要な配慮かどうかを理解するための対話を試みることを忘れないでください。

5-5-3　平等ではなく公平の視点

　本書でここまで述べてきたように，本当に必要な配慮とはモノではなく，同じ職場ではたらく人たちと対話し，相互理解を図ることです。そしてここでもう一つ，付け加えておきたいことがありま

す。一人ひとりの違いに対しての配慮の必要性が分かってくると，イクオリティ（平等）ではなく，エクイティ（公平）の視点が生まれてきます。平等ではなく公平にすることが，本当の合理的配慮（環境調整）で，いまなされている配慮する側にとっての合理的配慮とは一線を画します。

　平等というのは一人ひとりの違いを理解する必要もなく簡単にでき，配慮する側にとっては非常に楽です。しかも楽というのは，ある意味，配慮する側にとっては合理的で効率的です。

　しかし，公平にしようと思えば，一人ひとりの違いにアンテナを立てて理解する必要があります。そしてそのスキルを養うことも必要です。つまりインクルーシブ職場の実現に踏み出すことは，組織にとって非合理的で非効率的な面が存在するのです。

　従来，組織は合理性や効率性を追求してきましたが，いまの先の読めないブーカ（VUCA）の時代，組織が合理性や効率性を最優先にするということは過去の繰り返しになり，それなりのリスクをはらむことになります。例えば今後，全人口に対して65歳以上の人口が21％を超える超高齢社会を迎えます。すでにインクルーシブ社会を見据えて踏み出している組織では，マイノリティの多様性に配慮したインクルーシブデザインの発想で商品やサービスを創り出しています。例えばですが，それらは，超高齢社会になって爆発的に増える高齢者にも配慮された商品やサービスも含むのです。

　ニューロダイバーシティを理解するということは，多様な価値観を理解し，それに伴う配慮がイノベーションの基となり，新たな商品やサービスやはたらき方などを生み出すのです。

　さてそれでは，一人ひとりの違いを理解し，いきいきとはたらき続けるUさんの事例を見ていきましょう。

事例「プロセスや不確実性を楽しむ」

　Uさんが30歳になった年，新入社員のYさんのOJTをUさんが担当することになりました。Uさんは自信満々で自分が改善した製造マニュアルを使って，一つひとつの工程の目的を説明した後，その作業の進め方をYさんに読んでもらう形でOJTを進めたのですが，Yさんにはなかなか内容を理解してもらえず，OJTはスムーズに進みませんでした。しかもYさんが，「このマニュアル，分かりにくいですね。一体誰が作ったのですか」と聞いてきたので，Uさんは「私です」と言って，Yさんの顔を睨みつけてしまいました。

　しかしその瞬間，Uさんは自分が新入社員でOJTを受けていたとき，W課長に睨まれて何も言えなくなったことを思い出し，「ごめんごめん，一生懸命作ったマニュアルを分かりにくいと言われて，ちょっとムッとしちゃった。ところで，どこが分かりにくいのか，具体的に教えてくれないかな」とYさんに問い掛けました。Yさんは，「こんな感じだと分かりやすいのですけど」とゲームの攻略本を取り出しました。Uさんがその攻略本を開くと，図形や写真が中心でその下に解説文がありました。一方，Uさんの作った製造マニュアルは文字だけがぎっしり書き込まれたものでした。

　Uさんは，「そうか文字ばっかりだと，初めての人には内容を想像しにくいよね。教えてくれてありがとう。この製造マニュアルにも図形や写真を入れてみるよ」とその日から，また製造マニュアルの改善に取り組み始めました。課内の人たちの意見も取り入れて改善したこのマニュアルは，作業の内容を実際に知っていた課内の人たちには重宝されていましたが，初めて見る人や文字だけで想像や理解するのが苦手な人にとっては，分かりにくいにということが理解できたので，Uさんは作業マニュアルの再改善を急ピッチで進めました。大変な作業でしたが，Uさんには，また誰か別の人の意見を取り入れることができたことが楽しくて仕方ありませんでした。

そして再改善された製造マニュアルはYさんだけでなく，課内の人たちにも，「ずっと見やすくなった」と大好評でした。

- Yさんの発達特性＝図形や写真から想像や理解することができる。文字だけでは想像や理解することができない。

🗨 考察——あなたならどうする？

　周りの人たちが分かっているのに，自分だけが分からないとき，そのことをあなたは周囲に開示できますか。あなたの職場に，「文字だけでは分からない」，あるいは「聞くだけでは分からない」と言う人がいたら，あなたはどう対応しますか。

　はたらく上で目標を設定し結果を出せれば，自己効力感は上がります。しかし結果に固執すると，思うような結果が出なかったとき，自信をなくすこともあります。いきいきとはたらくために大切なのは，結果だけではなく，そのプロセスや不確実性を楽しむことが非常に重要です。

　課題は次から次へと出てきてなくなることはありません。何一つ課題がないという状態は，一見そう思うけれど課題に気づいていないだけだという自覚を持ち，課題に主体的に取り組み，そのプロセスを楽しむことが，いきいき楽しくはたらくキーワードかもしれません。

🔑 キー概念「インクルーシブデザインとユニバーサルデザイン」

　これまでの商品やサービスが，マジョリティを主なターゲットとしていたのに対し，インクルーシブデザインはマイノリティへの配慮が考えられており，またユニバーサルデザインはできるかぎりすべての人が利用できるよう配慮された商品やサービスといわれています。どちらも一人ひとりの違いを理解

した上で生み出されるものです。

　マイノリティに配慮された商品やサービスは，マジョリティにとってもより便利になった商品やサービスに改善されています。つまり，これらの商品やサービスで恩恵を得るのは，マイノリティだけでなくマジョリティも含んだすべての人たちだということです。このことからも，ニューロダイバーシティやインクルーシブ社会を実現することが，単なる福祉対策ではなく，新しい商品やサービスなどを生み出すイノベーションの源であるといえます。

🔲 組織改革のためのヒント「インクルーシブ社会を目指す」

　日本では，まだまだニューロダイバーシティやインクルーシブ社会の理解が進んでいません。それはニューロダイバーシティやインクルーシブ社会を福祉対策や雇用対策と捉えているところに原因があります。考えてみてください。これまでの数々のイノベーションも最初は一見すると非合理的であり，非効率的なことが多かったのではないでしょうか。つまりイノベーションはマイノリティの中から生まれてきています。一人ひとりの違いという目に見えない壁を乗り越えたところにイノベーションは存在します。

5-6　関与者であり続ける

考えてほしいこと

　あなたは一人ひとりの違いを理解することによって，自分改革，職場改革,組織改革ができると思いますか？　「思う」と「思わない」のどちらかにチェックを入れ，その理由を記入してください。

　　□思う　　　□思わない

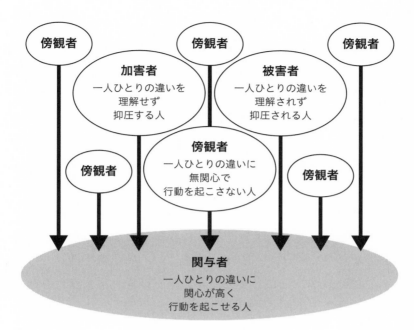

図 5-6　他者とのかかわり

5-6-1　加害者と被害者，そして傍観者

　他者を抑圧（ハラスメントや価値観の押しつけ）する人の多くは，自分が一人ひとりの違いを理解していないこと，抑圧していることを自覚していません。自分の価値観にしか関心がないことが抑圧につながってしまうのです。

　生きるということ，はたらくということは，それぞれの価値観を持った人とかかわるということであり，誰一人として抑圧する側，される側になってしまう可能性から逃れることはできません。誰しもがあるときは抑圧の加害者であり，あるときは被害者，そしてその抑圧を見て見ぬふりをしている傍観者であるときもあります。このことを謙虚に受け入れることから，ニューロダイバーシティの理解が始まるのかもしれません。

私はこれらの他にもう一つ別のあり方が存在すると思っています。それは，私独自の定義によるものですが，関与者という一人ひとりの違いに関心が高く，行動を起こせる人のことです。一人ひとりの特性や違いを理解することは簡単ではありませんが，他者とかかわりを持つことからは逃げず，知ろうとすることがなにより重要なのです。この本を読んで，ニューロダイバーシティを理解してくれた人には，ぜひともこの関与者という存在になってほしいと思っています。

　本書を読むまでニューロダイバーシティという言葉を知らなかった，一人ひとりの違いを理解するという概念がなかった人も，あなたが価値観を押しつけてしまっていること，価値観を押しつけられていることに気づいたときは，そのことを否定せず素直に自分の気持ちを相手に伝えてみてください。そうすることで，少しずつニューロダイバーシティは広がっていきます。それが，あなたが関与者となる最初の一歩です。

　直接相手に伝えるという行動はハードルが高いと感じたのなら，是非一度，自助会に参加してみてください。自助会には，発達障がい，HSP，LGBTQ＋，アダルトチルドレンといった自身の特性に生きづらさを感じている人たちの会から，アルコール，薬物，ギャンブルなどに依存している人たちの会，糖尿病，がん，メンタル疾患などの心身に悩みのある人たちの会，それに宗教二世や刑期を終えた人など特殊な環境に身をおかれた人たちの会などがあります。他に，これは自助会というジャンルには属さないかもしれませんが，最近はオープンダイアローグの会も少しずつ増えてきています。

　職場から距離を置いて自助会に参加し，参加者一人ひとりの価値観を理解し，あなたの価値観も理解してもらうことで，あなたの中で一人ひとりの違いに対する関心が高まり，さまざまな行動が起こせるようになるかもしれません。あなたの所属する組織がジョブ型

雇用に移行するのはハードルが高いのであれば，自助会のような
オープンダイアローグの場を設けること，Off-JTの促進，パワハ
ラ研修や各種のダイバーシティ研修などを提案するのも一手です。
あなたが主体的で具体的にそうした行動を起こせなくても，あなた
の中で常に一人ひとりの違いを意識するだけでも全く構いません。

　そしてあなたの組織で何年か後に，上記のような行動を起こそう
とする人が出てきたら，あなたができる範囲で，陰ながらでも応援
してください。私が，いきいきムーンでさまざまな特性を持った人
たち，そしてその人たちを取り巻く養育者や支援者や雇用者と，一
人ひとりの違いを理解する自助会やセミナーを行うことで，非常に
小さな成果ですが，ニューロダイバーシティは僅かに広がったと自
負しています。それ以上に私にとっての大きな成果は，ニューロダ
イバーシティ，オープンダイアローグ，そしてインクルーシブ社会
に賛同する多くの関与者たちと知り合えたことです。

⚙ 組織改革のためのヒント「イノベーションが起こる理由」

　いきいきムーンは，多くの関与者に支えられ，続けることができて
います。その人たちが見守ってくれていると思うだけで,私は力が湧
いてきます。その一方で，社会や組織のこれまでの普通，当たり前，
常識に盲目的に支配されて，一人ひとりの違いに気がつかない方が
楽だった，ありのままの自分など分からないままで過ごしたいとい
う人もいるかもしれません。いま，あなたにその気持ちが強いなら，
そのような考え方も尊重されるべきです。ニューロダイバーシティを
意識して生きていくことも，ニューロダイバーシティを受け入れず
生きていくことも，どちらか片方に決める必要もありません。ただ，
そうしたことも含め,どのような考え方もこの世界のダイバーシティ
の一部であり，互いに他者への一定の敬意をもって成立しているのだ
ということを，ぜひあなたの頭の片隅に置いておいてください。

おわりに
いきいきムーン発足の背景

　私がニューロダイバーシティという言葉を知ったのは，アメリカの IT 業界で技術者の引き抜き合戦が盛んだった 2000 年頃でした。「お金では動かないニューロダイバースな人たち」というような記事を読み，ニューロダイバースという意味を調べているうちに，ニューロダイバーシティ（脳の多様性）という言葉に辿り着きました。お金で動くマジョリティ（多数派）に対し，組織に対するロイヤリティ（忠誠心）が高く，お金では動かないマイノリティ（少数派）であるニューロダイバースな人たちは，私にとって「ステキな人たち」に感じられました。

　そして私がステキだと感じたアーティストたちは，最初はみんなマイノリティであったこと，またいまでは大ヒットしている商品やサービスなども，最初はマイノリティであったことに気づきました。私は，イノベーションが非効率的で非合理的なマイノリティの中から生まれるということを確信しました。

　その一方で，企業で新卒学生の募集・採用・研修を担当していた私は，訪問していたいくつかの大学の先生から，「キャリアセンターに行きたくないと言う学生がいる」という話を聞き，そんな学生との面談の機会を複数回持ちました。面談の中で彼／彼女らは異口同音に，「在学中に就職先を決定し，卒業したら 4 月からはたらくのが当たり前」という価値観を持ったキャリアセンターの相談員の指導やアドバイスを受けたくはないというのです。

　また時を同じくして，私にとって衝撃的なことが起こりました。私がハッタツ（発達特性を持った人）の自助会に出席して，自己紹

介でキャリアコンサルタントであることを話したときのことです。初対面の参加者たちから、「キャリアコンサルタントって、寄り添うことしかできない人たちのことですよね」と言われたのです。なぜ彼らがそう思っているのか教えてもらったところ、彼らがそれまで出会った大学のキャリアセンターやハローワークに勤めるキャリアコンサルタントが、発達障がいに誤った知識を持っていて、ハッタツに無理解だったため、キャリアコンサルタントがいくら「発達障がいのことは知っている」「あなたを支援したい」と寄り添う姿勢を見せても、発する言葉に見え隠れする社会的偏見にガッカリしたとのことでした。これが、私がいきいきムーンをスタートさせるキッカケでした。

　当初、私はキャリアセンターやハローワークの相談員は、私と同じキャリアコンサルトや産業カウンセラーの有資格者であるので、一人ひとりの価値観を否定することはない、またメンタル（精神）状態を確認することなく、はたらくという価値観を押しつけるようなことはしないと思っていました。しかし実際は違うことを知ります。相談員も組織の一員としてはたらいているため、「手間や時間を要する人たちの相談に時間を割いて、他の相談者のための時間が無くならないように」と一人ひとりとの面談時間に制約を課せられ、さらには相談員には就職内定者数の目標という数のノルマを課せられているのです。

　私がいきいきムーンを発足させるまで、ハッタツの自助会というのは、ハッタツだけが集まる「当事者会」か、もしくはハッタツとその養育者が集まる「家族会」がほとんどでした。ですが、いきいきムーンは、ハッタツや養育者だけでなく、支援者や雇用者にも足を運んでもらい、ハッタツと養育者・支援者・雇用者が相互理解を深める場とすることを目指しています。コロナ禍前に自助会を年間200回以上開催し、のべ2,000名以上が参加していた国内最大規

模の自助グループ「さかいハッタツ友の会」と，会員数が２万人を越えた国内最大規模のキャリアコンサルタントの養成機関である「日本キャリア開発協会」の二つの団体の承認を得て「企業におけるニューロダイバーシティの理解と雇用促進」をテーマに掲げて発足させました。

　このテーマに沿って，いきいきムーンはハッタツだけではなく，マイノリティと呼ばれている HSP，LGBTQ＋，アダルトチルドレンなどの生きづらさを感じている人とその養育者，支援者，雇用者との相互理解の場を作り続けてきました。そして生きづらさを感じている人たちだけでなく，同じように社会や組織からの抑圧を受けている養育者，支援者，雇用者が相互理解と内省をすることによって，自分自身の苦悩を語る場面を何度も見ました。こうした自助会での小さなインクルーシブ社会の実現は，イノベーションの一つだと思っています。

　本書の中でいまはブーカ（VUCA）の時代と述べましたが，それと同時にコロナ禍やウクライナ戦争など混迷の時代でもあります。こんな時代だからこそ，組織はニューロダイバーシティを理解し，オープンダイアローグを実践することで，イノベーションを生み出す必要があると思っています。本書を読まれたあなたが組織改革を目指すなら，そのイントロダクション（序奏）に，是非，本書といきいきムーンを利用してください。

ニューロダイバーシティの理解

＋

オープンダイアローグの実践

↓

イノベーションの創出

最後に，本書を読んだあなたと，私の思考の幅を「企業」から「組織」に広げ，本書の出版に賛同された金剛出版の立石哲郎氏への感謝を申し上げます。そしてこの場を借りて，「考えてほしいこと」のページで日本文具大賞優秀賞を受賞された「まほらノート」を模倣することを許可してくださった大栗紙工株式会社様に，そしていきいきムーンの要請にいつもふたつ返事で協働してくれた大阪大学大学院連合小児発達学研究科の片山泰一教授，さかいハッタツ友の会の石橋尋志代表と，本書へご寄稿文の執筆をお受けくださった京都府立大学文学部の横道誠准教授に感謝します。さらに『いきいきムーン』に参加された人たち，運営に携わってくれたメンバーに大いに感謝します。

LOVE & PEACE

2023 年 11 月
特定非営利活動法人いきいきムーン　志岐靖彦

左より，石橋尋志氏／志岐靖彦氏／広野ゆい氏（DDAC 発達障害をもつ大人の会 代表）／片山泰一氏／村中直人氏（子ども・青少年育成支援協会 代表理事）。

本書の意義，あるいは僕としーやんといきいきムーン

　僕は 1979 年に生まれ，日本経済の黄金期と言える 1980 年代に幼少期を送った。一般家庭でコンピューターゲームができる環境が生まれていて，僕もご多分に漏れず『ドラゴンクエスト III 〜そして伝説へ…』や『スーパーマリオブラザーズ 3』に夢中になった。世間では「ゲーム世代」と呼ばれていたと思う。

　思春期になる頃には，一転して「失われた 10 年」の始まりと呼ばれる（のちには「20 年」「30 年」と没落期間が延長された）1990 年代がやってきていた。悩みの多い 10 代を送ったけれども，誰にとってもそうであるように，僕にとってもこの時期は自己形成にとって大切な時間が流れていた。

　大学時代に 21 世紀を迎え，僕たちは「就職氷河期世代」と呼ばれるようになった。のちには「ロスジェネ」（ロストジェネレーション）という呼び方も耳にした。僕は大学院に進学し，就職活動とは無縁だったけれども，文系アカデミアの就職先は「氷河期」以前からずっと凍てついていたから，僕の 20 代は不安にまみれたものだった。

　僕は幸運と良縁に恵まれたことで，大学院を出た翌年，28 歳にして常勤の大学講師として就職することができた。僕の専門分野にあたるドイツ文学では，当時 20 代で就職できたことは奇跡だ。同じ専門の先輩たちを見ていると，40 代になっても就職できない人がいくらでもいる状況だった。

　実を言うと僕は就職するまで，学校や大学というものが自分に合っていないのだとずっと信じこんでいた。いろんな人たちから叱られ，非難され，いじめられ，仲間外れにされ，見捨てられてきた。

外側から見れば，僕自身に責任があるように見える出来事は，きっと多かったと思う。しかし僕の内側から見た世界では，「みんなと同じようにやっているのに，なぜ自分だけが？」という体験が多すぎた。学校や大学の集団生活が自分に向いていないからで，就職して経済的に自立して生きるようになれば，事態は全面的に改善するのだと僕は夢見ていた。

　就職して僕はすぐに，自分の希望的観測が外れたことを知った。1年目のうちに，それまでになかったほどの深刻な抑うつ状態に襲われた。酒に溺れるようになり，夕方に帰宅してから日付が変わるまで飲みつづけた。僕は以前はとても寝つきが良く，藤子・F・不二雄のマンガ『ドラえもん』で，主人公の野比のび太が昼寝の際に0.93秒で入眠できる——「おそらく世界新記録」として紹介される——のを自分の話みたいだと思っていた。その僕が，30代のうちに不眠障害に悩まされるようになり，私生活も仕事も出鱈目になっていった。就職する前の時点で，博士論文を出身大学院に提出済みだったのに，指導教官から修正作業を求められて，迷走状態に入ってしまい，研究テーマを変更するまでに追いつめられ，ようやく見つけた新しい研究内容は10年経っても博士論文として完成しなかった。

　うつ状態が底を打ったのは2019年。ちょうど40歳になっていた僕は仕事を休むことを決めた。一度休職すると，何度も繰りかえす傾向があると知っていたため，復職後に困らないように自分の総点検をしておこう，と覚悟した。それで以前から疑っていた発達障害の検査を受けた。自閉スペクトラム症と注意欠如・多動症の診断がおりたのは良いものの，発達障害は服薬や脳手術などによって治すことができない。薬にもすがる思いで，発達障害支援センターや障害者職業センターに通って，復職に向けた準備を進めた。うつ病などを診断され，復職リハビリテーションに励んでいるほかの通所

者たちとの交流が楽しく，もっとこういうことをやってみたいと思った。

　休職によって生まれた大量の時間を利用して，僕はついに博士論文の完成に漕ぎつけた。にわかに，つぎの研究テーマを構想するべきときが訪れた。それなのに，いつも夢中で追いかけてきた文学，芸術，文化，思想，歴史，宗教などの本を読んでも，心がちっとも動かない。「そうか，いまや自分自身が，一番の謎になっているからだ」と僕は気づいた。「自分で自分を研究する」ことはできないのだろうかと僕は問いを立て，「当事者研究」という概念に出会った。そうして僕は自分を発達障害者として，さらにはアダルトチャイルド（機能不全家庭で生まれ育った人）として，宗教2世（カルト2世）として，LGBTQ＋として，「研究」を進めていった。

　この頃は急速に，コロナ禍の時代が僕たちの視界を暗くし始めていた。緊急事態宣言が出され，障害者職業センターが閉所されることになり，リハビリ訓練は中途で終えることを余儀なくされた。僕はいまこそ自分で当事者仲間とつながるべきだと思いつめた。インターネットでさまざまな自助グループを探索した。それが2020年の3月。休職を決め，発達障害の検査を受けてから1年が経っていた。自助グループも休会したりオンライン化したりしていたため，現地参加できる自助グループは限られていた。そんななか，最初に現地参加したいくつかの自助グループのうちのひとつが，本書を執筆した志岐靖彦さんの「いきいきムーン」だ。

　自助グループでは，アノニマス・ネームが用いられる。多くはSNSなどで用いるハンドルネームや，本名の一部またはもじりだ。志岐さんは「しーやん」を，僕は「マコト」を名乗って交流してきた。ここからは，親愛の念を込めて志岐さんのことをいつも通り「しーやん」と呼ぶことにしたい。

　「いきいきムーン」という名称は，最初の印象では意味不明だっ

た。「いきいき」は良いとしても，なぜ「ムーン」なのか？　しばらくして，大阪堺市を中心に全国に根を広げる発達障害自助グループ団体「さかいハッタツ友の会」が「ブルームーン」と名乗るグループから始まったこと，その由来から「さかいハッタツ友の会」には，たくさんの「ムーン」のついたグループがあるということがわかってきた。僕も代表の石橋尋志さんに「月と地球」（月はもちろん「ムーン」のこと）というグループを始めたいと伝え，京都で発達障害の自助グループを主宰するようになった。

　月と地球を皮切りとして，僕は自分の属性に応じたグループをいくつも作り，最初の半年で1時間半から2時間の会合を100回以上も開催した。そのうちのひとつ「宗教2世の会」は，設立から約2年後に起きた安倍晋三元首相銃撃事件——被告である山上徹也は「宗教2世」——によって注目され，マスメディアに頻繁に露出するようになった。現在（2023年11月）の私が運営する自助グループは10種類くらいにまで増え，最初に自助グループを作ってから3年半ほどの期間に500回近くの会合を開催してきた。そのあいだに，いきいきムーンとコラボレーションする機会が何度かあった。

　いきいきムーンを最初に体験したとき，僕にはしーやんが語っている内容にしても，参加者たちの発言にしても，ほとんど理解できなかったことを覚えている。とにかく勉強しようと思い，上映されるスライドに書かれている内容をしきりにメモした。スライドにはいきいきムーンのテーマが「企業におけるニューロダイバーシティ（脳の多様性）の理解と雇用促進」だと記されていて，僕はそこで初めて「ニューロダイバーシティ（脳の多様性）」という理念に出会った——やがて僕自身が，この理念を掲げるひとりになるとは予想することもなく。

　それと，僕は，いきいきムーンは自助グループを名乗っているけ

れども，そもそもそれは妥当なのだろうか，と疑った。自助グループは，当事者やその家族の集まりとして組織されるのが基本だ。しかし，しーやん自身を含めて，いきいきムーンのスタッフには国家資格にあたるキャリアコンサルタントの所有者が多い。支援の専門家が中心となる団体は「自助グループ」と言えるのだろうか？

この点についてしーやんにズバリ質問してみたことがある。しーやんは困った顔をしながら，「さかいハッタツ友の会には，「当事者会」と「家族会」があるんです。ですから，勤め人や勤め先の関係者が集まる「会社会」を作ったらおもしろいかなって思いました」と答えてくれた。なるほど，そういうことなら，理屈が通っている。さらに言うと，しーやんにも発達障害の傾向があるから，主宰者に当事者性がある。本人は折に触れて「自分には生きづらさがない」と公言しているけれども，特性に照らせば，いわゆる「発達障害グレーゾーン」に通じるところがある人だ。いきいきムーンは，のちに特定非営利活動法人（NPO法人）になったから，外からみたときの位置付けとしては，自助グループなのかどうかますます曖昧になってきている。

曖昧と言えば，しーやんが「オープンダイアローグ」として語っている対話形式にも，曖昧な面がある。オープンダイアローグは統合失調症の患者に対する対話療法として誕生した。それに対して，いきいきムーンのオープンダイアローグは発達障害を対象としてやるものだし，実施場所も医療機関ではなく公民館だ。どのようなセラピーあるいはケアの効果があるのか，かなりぼんやりしていると言わざるを得ない。

けれども，このような実態はオープンダイアローグの日本でのあり方として，特殊と言うべきではない。フィンランドと日本では医療制度が異なるため，国内の病院やクリニックでオープンダイアローグを実践するにあたっては，多くの困難がある。とりわけ，実

施するスタッフに適正な手当を支払うにはどうすれば良いのか，という難問がある。だから日本では，本場フィンランドのケロプダス病院と同様の実践は導入できず，医療機関でやるにしても，翻案が不可欠になっている。日本での推進者のひとり斎藤環さんも，以上のような事情から，斎藤さんたちがやっているオープンダイアローグを「対話実践」と呼んでいると語っていたし，国際的にもよく使われている呼び方のようだ。

　僕は『唯が行く！──当事者研究とオープンダイアローグ奮闘記』（金剛出版）で，「オープンダイアローグ・アプローチ」という表現を使いながら，日本の自助グループで実践されているオープンダイアローグが，実施者ごとにいかにバラバラのものであるかということを描こうとした。僕が主宰する「ゆくゆく！」というオンライン自助グループでは，僕たちの実践を「オープンダイアローグ的対話実践」と呼ぶことで，オープンダイアローグそのものではないことを示している。いきいきムーンの「オープンダイアローグ」に違和感を抱く人も，「オープンダイアローグ的対話実践」として理解すれば，おおむね納得できるのではないだろうか。

　曖昧だとしても，発達障害者の就労状況の改善のために，やれることをとにかくやっていくという実直さと泥臭さが，いきいきムーンのアイデンティティだ。しーやんの持つキャリアコンサルタントの資格は心理職と呼ばれるけれども，しーやんが心理職の人だと言われると，僕自身は「そうかなあ？」と応答せざるを得ない。心理職の人のなかには研究者を兼ねる人もいるし，そうでなくても研究的な価値観を備えつつ支援活動に向きあっている人は多い。しーやんの場合は，本書にも明記されているように，研究的な価値観は含んでいない。しーやんはもちろん勉強熱心な人なんだけど，あくまでもニューロダイバーシティの実現という理想のために調べ物をしているのであって，論述内容はおのずとアマチュア的なものになる。

しーやん本人は，それを恐れていない。

　僕としては，しーやんにもっともふさわしい肩書きは「活動家」だと思う。昔ながらの「左翼の活動家」とか，「婦人参政権運動の活動家」のようなニュアンスだ。しーやんは，キャリアコンサルタントの資格を持ち，ニューロダイバーシティの理想を実現するために，発達障害者たちを支援する活動家として本書を書いた，と考えると，本書を読む上でしっくりくるのではないかと思う。

　僕自身の理想は，さまざまな領域で専門家と当事者のコラボレーションが進むことだ。そのために発達障害，あるいは機能不全家族，宗教2世，LGBTQ＋に関する諸問題の専門家としてではなく，まさに当事者として僕は発信している。つまり職業的には大学に勤める研究者，私人としては当事者の僕には，しーやんと同じような活動家としての顔もある。そのような活動家の著作が，心理学を専門とする版元・金剛出版から刊行されることには，大きな価値があると信じている。なぜなら，特に心理支援の領域においてこそ，専門家と当事者の共同創造（コ・プロダクション）の重要性が叫ばれているからだ。そこに「活動家」の声が加わっていけば，共同創造はさらに進み，豊かになっていくことは明らかだろう。

　これからも僕は僕の道を行くけれども，しーやんのいきいきムーンこそ，僕のめざすニューロダイバーシティの出発点になったことはいつまでも変わらない。だから僕はしーやんに心からのエールを送ることにした。「いつも活動を応援しています！」と。

横道　誠

はたらくみんなのニューロダイバーシティ
対 話からはじまる「発達特性」あふれる組織改革論

2024年 1 月20日　印刷
2024年 2 月 1 日　発行

著者　　志岐靖彦

発行者　　立石正信
発行所　　株式会社 金剛出版
　　　　　〒112-0005 東京都文京区水道1-5-16　電話 03-3815-6661　振替 00120-6-34848

装丁◉臼井新太郎　　本文組版◉伊藤 渉　　印刷・製本◉モリモト印刷

ISBN978-4-7724-2017-4 C3011　　©2024 Printed in Japan

唯が行く！

当事者研究とオープンダイアローグ奮闘記

［著］＝横道 誠

●四六判 ●並製 ●304頁 ●定価 **2,640** 円
● ISBN978-4-7724-1876-8 C3011

ちょっと躁鬱っぽい女子大生・唯が
切り盛りする自助グループの物語を通じて，
ユニークな世界観を味わいながら，
当事者研究とオープンダイアローグを楽しく学ぼう。

聴覚障害×当事者研究

「困りごと」から，自分や他者とつながる

［編著］＝松﨑 丈

●A5判 ●並製 ●288頁 ●定価 **3,740** 円
● ISBN978-4-7724-1980-2 C3011

問いがささやき，対話がつながり，言葉がうまれる――
〈わからない〉を〈わかちあう〉，来たるべき当事者研究の世界へ！
「感覚・身体」「対話・情報」「物語」から開拓される，
未だ見ぬ新たな当事者研究の世界！

キャリア・カウンセリング
エッセンシャルズ 400

［監修］＝日本キャリア・カウンセリング学会
［編］＝廣川 進 下村英雄 杉山 崇 小玉一樹 松尾智晶 古田克利

●A5判 ●上製 ●456頁 ●定価 **6,050** 円
● ISBN978-4-7724-1892-8 C3011

日本初 キャリア・カウンセリングの総合辞典！
キャリアコンサルティングに必要な分野の
キーワードを網羅した 403 項目を掲載！

価格は 10%税込です。